Entrepreneure et maman ?

C'EST POSSIBLE !

Marine André

Entrepreneure et maman ?

C'EST POSSIBLE !

MARDAGA

B-1160 Bruxelles (Belgique)
www.editionsmardaga.com

Design de couverture : © Memory
Coordination éditoriale : Laura Vanham
Mise en page : Carine Thurion – CW Design

Dépôt légal : 2021/0024/15
ISBN papier : 9782804708450
ISBN numérique : 9782804708467

Achevé d'imprimer en France en février 2021 sur les presses
de l'imprimerie Dupliprint à Domont (95).
N° d'impression : 2021013554

Sommaire

Introduction

Vous avez un projet de longue date, mais vous avez peur de ne pas savoir concilier la création d'une société avec les autres pans de votre vie ? Vous vous dites que vous gérez déjà deux entreprises — votre vie professionnelle et votre vie privée — et que ce n'est pas le moment de vous lancer dans un nouveau projet ? Que cette aventure compliquera davantage votre emploi du temps déjà plus que chargé ?

Moi aussi, je suis passée par le processus de questionnement que vous traversez actuellement. Au fil des pages, je vous expliquerai comment y faire face, comment oser passer le cap et vous lancer dans l'entrepreneuriat ou dans la vie de jeune maman, et comment vous organiser pour tout concilier.

Quand je me suis lancée en tant qu'indépendante, je ne me suis pas posé beaucoup de questions. J'étais jeune et je n'avais pas encore de loyer à payer, pas d'enfants à nourrir, pas de crédit hypothécaire à rembourser. J'ai remporté un concours et j'ai suivi mon instinct, mon intuition. Avec le soutien de ma famille, j'ai fait confiance à ma créativité.

Sept ans plus tard, après avoir fondé une famille et menant une vie professionnelle bien remplie, mon rythme de vie était intense. J'ai commencé à me poser énormément de questions et même à douter de mes compétences, car mon entreprise n'était toujours pas rentable et me demandait tant d'énergie ! Je me suis donc interrogée sur ce que je voulais vraiment : où souhaitais-je mettre mon énergie ? Que pouvais-je en retirer pour mon épanouissement personnel ?

Qu'est-ce qui allait me donner la force de continuer? Certaines questions revenaient encore plus souvent que d'autres: est-ce la vie que je voulais avoir? Cette façon de vivre me convient-elle vraiment? Et surtout, comment concilier ma vie professionnelle et ma vie de jeune maman?

Je souhaitais revoir mes bases pour trouver un équilibre sain et plaisant, dans lequel je me sentirais bien. Il était aussi important pour moi de connaître mes limites pour ne plus les dépasser. Je désirais savoir ce qui était important pour moi, ce que je voulais, ce que j'acceptais et ce que je ne voulais plus accepter. Pour atteindre ces objectifs, j'ai adapté mon organisation; j'ai pris des décisions en accord avec ce que me dictait mon corps; j'ai arrêté de culpabiliser quand j'étais à la maison (parce que je n'étais pas au boulot) et quand j'étais au boulot (parce que je n'étais pas avec mes enfants).

Aujourd'hui, j'ai envie de partager cette expérience avec d'autres femmes, qu'elles soient (futures) entrepreneures ou (futures) mamans. Nous avons toutes des projets et souhaitons toutes gérer notre vie et notre emploi du temps du mieux possible. Nous rêvons bien souvent d'avoir un travail qui a du sens et qui est en phase avec notre personnalité et nos valeurs, mais aussi un travail qui nous permettra de prendre du temps pour notre famille, nos amis et nous-même.

Tout cela est possible avec de l'organisation et de la créativité. Même si nous fonctionnons toutes différemment et qu'il n'y a pas de vérité absolue ni d'organisation parfaite, vous pourrez peut-être améliorer la vôtre grâce à mes conseils. Dans tous les cas, j'espère que ceux-ci vous permettront de prendre un peu de distance et d'adopter une vue globale sur votre *day-to-day*.

Mon parcours de jeune maman entrepreneure

Après avoir grandi dans le milieu pharmaceutique, j'ai réalisé que la plupart des produits présents en pharmacie ne répondaient plus aux exigences croissantes des utilisateurs. Ayant moi-même toujours eu un mode de vie sain et naturel, j'ai eu l'envie et l'idée de créer des soins dermocosmétiques à base de miel biologique et local, qui répondraient à mes valeurs : famille, innovation, passion, santé et nature.

J'ai créé l'entreprise Bee Nature® dans le cadre de mon mémoire et de mon stage de fin d'études en tant qu'ingénieur de gestion à la Louvain School of Management. La recherche du nom, du logo, de l'ingrédient phare de la marque avait été entamée durant la dernière année de mon cursus. Par la suite, j'ai commencé à travailler dans une très grande multinationale en tant que représentante commerciale en Belgique. Mais le projet Bee Nature® me restait en tête... J'ai alors participé à un concours dédié à l'entrepreneuriat, organisé par le magazine *ELLE Belgique*, et j'ai eu la chance de remporter le premier prix. Cette victoire a été le déclic pour oser me lancer : je suis passée chez le notaire et j'ai créé une société, avec la cagnotte de 6 200 euros liée au prix reçu que j'avais gagné en février 2012. Dans la foulée, j'ai réalisé une campagne de crowdfunding pendant trois mois pour obtenir 50 000 euros auprès de 106 investisseurs. Cette première levée de fonds m'a permis de financer l'achat des matières premières et des packagings ainsi que de réaliser tous les tests requis pour enregistrer une gamme de soins dermocosmétiques dans l'Union européenne.

Dans un second temps, j'ai sillonné la Belgique pendant deux ans, seule, pour vendre et faire connaître mes produits. Face à la demande, j'ai dû rapidement étendre la gamme et lancer de nouveaux produits, mais, pour ce faire, j'avais besoin d'argent pour financer le stock et les développements nécessaires. En 2014, j'ai donc réalisé une seconde levée de fonds. J'ai profité de ce moment pour structurer l'actionnariat et la stratégie de développement de l'entreprise, avec la création d'un conseil d'administration a apporté à Bee Nature® diverses ressources concernant la distribution, l'export, le packaging et la connaissance du secteur pharmaceutique.

La même année, j'ai été lauréate du Réseau Entreprendre® Bruxelles, devenant ainsi l'une des premières femmes lauréates du réseau. Cela m'a donné accès à un coach qui a suivi le développement financier de mon entreprise pendant trois ans. Nous n'avions pas encore de profil financier au sein de Bee Nature® et ce coach m'a notamment aidée à analyser les chiffres et à établir les plans budgétaires avant de réaliser de nouvelles levées d'argent ou des emprunts bancaires.

En 2015, les produits ont reçu le label Slow Cosmétique® délivré par une association qui œuvre pour des cosmétiques plus justes et éthiques, avec moins d'ingrédients, des formules propres et, surtout, un marketing transparent.

Début 2016, alors que l'équipe comptait désormais six personnes et que nous commencions nos recherches sur une nouvelle gamme destinée aux nourrissons, le magazine *ELLE* nous a remis un prix « Coup de cœur » lors des « ELLE International Beauty Awards ». En août, ma plus belle aventure a commencé et je suis devenue maman pour la première fois d'un magnifique petit garçon. La même année, en novembre, j'ai réalisé la troisième levée de fonds de l'entreprise auprès des mêmes investisseurs qu'auparavant.

2017 fut une année très chargée également. En mai, nous avons officiellement lancé notre gamme bébé Babee Nature®, après plus de deux ans de recherches et de développement en partenariat avec les Cliniques universitaires Saint-Luc. Ce fut directement un grand succès en Wallonie et à Bruxelles, car il s'agissait de la première gamme répondant enfin aux attentes des parents en termes de formules (naturelles, sans additifs, conservateurs nocifs pour la santé, sans huiles minérales), mais également en termes de dermatologie et de respect de la peau. En décembre, mon mari et moi sommes devenus parents de jumeaux. Une bouffée d'amour nous a envahis : notre plus belle aventure continuait désormais avec non plus un, mais trois merveilleux petits garçons.

En 2018, avec mes jumeaux dans les bras, devant un jury séduit, je me suis vu décerner le prix « *The Entrepreneur Award of the Year* » décerné par Top Management. Quelle belle récompense après tout ce travail et cette énergie déployée à la fois pour faire grandir mon projet et faire connaître la dermatologie naturelle !

2019 fut une année charnière pour le développement de l'entreprise, car nous avons revu notre *business model* et notre façon de travailler. Nous avons fortement réduit les coûts fixes internes en travaillant avec davantage de partenaires externes, et nous avons continué à planifier le futur de l'entreprise en prévoyant plusieurs lancements pour 2020. L'entreprise a reçu deux nouveaux labels, gages de qualité pour nos produits : le label AFPRAL (Association française pour la prévention des allergies) et le label bio Ecogarantie®.

C'est également au début de l'année 2019 que je me suis posé beaucoup de questions par rapport à ma vie privée autant que par rapport à ma vie professionnelle, car je rencontrais des difficultés à combiner le tout et, en particulier, à gérer une équipe de six personnes dans laquelle il était essentiel de comprendre les motivations de chaque membre. J'ai éprouvé le besoin de comprendre ce qui me motivait, ce qui m'animait, moi, et, surtout, quelles étaient mes priorités. J'ai commencé à mettre mes doutes et mes questionnements par écrit, avant de les transformer en un véritable livre... Ce livre que vous avez aujourd'hui entre les mains et qui a trouvé son éditeur le jour de mon anniversaire, pour mes 31 ans.

En 2020, alors que la sortie de ce livre était prévue pour juin, arriva la grande pandémie qui nous a tous profondément affectés. La sortie a été décalée à 2021 et, surtout, l'entreprise s'est vue confrontée au même moment à une solide remise en question : comment continuer à générer de la croissance dans ce climat incertain ?

Un long travail de stratégie de marque et de vision d'entreprise avait débuté en début d'année et je me suis rendu compte qu'il était temps que j'accepte de laisser grandir mon premier bébé sans moi. Le développement de Bee Nature® a atteint aujourd'hui ses limites. L'entreprise a besoin de moyens financiers supplémentaires pour faire face aux coûts marketing nécessaires pour faire connaître la qualité de nos produits. Nos concurrents sont des géants et disposent de budgets marketing quasi illimités. Le développement de Bee Nature ne peut se faire au même rythme, car nous ne pouvons pas supporter de telles charges, surtout en cette période de crise sanitaire sans précédent.

Ce contexte nous a amenés à chercher un repreneur afin que la marque soit pérenne et puisse continuer à grandir et à se développer. Nous avons reçu plusieurs offres de partenariat et de rachat et avons porté notre choix sur une entreprise internationale possédant les capacités financières et, surtout, les ressources humaines nécessaires pour permettre à Bee Nature de se développer. Et nous avons finalisé l'accord en octobre 2020.

La période de confinement en début d'année a également eu un énorme impact sur ma vie privée. Mon mari et moi avons en effet décidé de faire un quatrième enfant. Nos trois adorables petits garçons accueilleront en février 2021 une petite sœur dans leur fratrie !

Même si ma vie prend un nouveau départ, il n'en reste pas moins que le contenu de ce livre reste d'actualité : avec bientôt quatre enfants à la maison, et mon épanouissement personnel qui passe par une vie professionnelle créative, ma vie d'indépendante ne fait que (re)commencer !

2021 promet d'être renversante !

Partie 1

SE QUESTIONNER

1.

Se poser les bonnes questions

Selon moi, très peu de femmes se posent des questions profondes sur leurs objectifs dans la vie. Pourtant, pour savoir ce que nous voulons et ce qui nous convient, il est important de nous connaître. C'est une tâche de tous les jours, car nous évoluons, nous grandissons, et nos intérêts s'affinent. Il vient cependant un temps lors duquel nous en venons à nous poser des questions. Bien souvent, les interrogations surgissent lorsque l'on devient maman. Il y a, tout à coup, comme une urgence à savoir ce que l'on veut vraiment, ce qui nous plaît, et surtout à savoir comment concilier notre vie professionnelle et notre vie de famille.

Georgia, 31 ans, maman d'un petit garçon d'un an et employée d'une grande multinationale en Suisse, s'est confiée à moi alors qu'elle était enceinte de son deuxième enfant :

Je me suis toujours posé des questions telles que : "Qu'est-ce qui m'anime ?", "Qu'est-ce qui me fait grandir ?", "Qu'est-ce qui me motive ?". Mais je dirais que ma quête de sens s'est accentuée à la naissance de mon premier enfant. J'avais besoin de me retrouver et de rester moi-même, de ne pas être seulement une maman.

Il en était de même pour Marie, 31 ans, employée d'une grande entreprise belge et enceinte de son deuxième enfant lors de ce témoignage :

Je pense que je me suis posé des questions après ma première grossesse. Mon retour au bureau était très difficile. Je m'entendais bien avec mes collègues et il y avait des promesses de restructuration au sein de l'entreprise, donc je mordais sur ma chique. Puis cela a empiré et j'avais la boule au ventre pour aller travailler.

L'important est de trouver des solutions aux problèmes ou aux questionnements lorsque vous les rencontrez. Souvent, nous nous laissons dépasser par les interrogations et nous continuons de fonctionner comme nous le faisions avant. Nous ne nous posons pas réellement les bonnes questions et nous nous rassurons en nous disant que nous n'avons pas le choix pour ne pas avoir à assumer un changement de travail, d'organisation ou une prise de conscience générale. Pourtant, au fond, lorsque nous creusons et cherchons au fond de nous-même, nous percevons un malaise. Il est alors important de se poser les quatre questions suivantes :

- Votre style de vie actuel vous convient-il ?
- Quelles sont vos missions et vos valeurs ?
- Quels sont vos objectifs professionnels ?
- Êtes-vous prête à devenir maman ? Êtes-vous prête à concilier votre rôle de mère et votre vie professionnelle ?

Votre style de vie actuel vous convient-il ?

La première question est certes évidente, mais il n'est pas si simple d'y répondre car si la réponse est négative, elle implique de gros ajustements dans notre vie auxquels il faut être prête à consentir. De nombreuses questions peuvent vous aider à réfléchir :

- Avez-vous assez de temps pour vous, vos amis et votre famille ?
- Savez-vous pourquoi votre semaine est organisée de cette manière ?
- Quand vous êtes au travail, l'êtes-vous pleinement ?
- Et quand vous êtes avec votre famille ou vos amis, profitez-vous des instants présents avec elle ?
- L'organisation actuelle de votre vie vous convient-elle ?
- Êtes-vous motivée d'aller travailler tous les matins ?
- Votre train-train quotidien vous plaît-il ?
- Vous réjouissez-vous de recommencer la semaine dès le dimanche soir ?

Si la réponse à ces questions est « non », je vous conseillerais de vous recentrer sur votre essentiel et de réfléchir à ce qui est important pour vous. Deux autres questions peuvent soutenir votre réflexion :

- Qu'aimeriez-vous faire et que vous ne faites pas par manque de temps ?
- Sur une semaine, quelle serait la répartition idéale de votre temps ?

Marie donne à ce propos un conseil judicieux, qu'elle applique elle-même :

La question que j'essaie de me poser régulièrement, c'est : "Qu'est-ce qui me convient et qu'est-ce qui ne me convient pas ou plus ?" Et j'essaie de faire en sorte que les choses qui ne me conviennent plus changent. Professionnellement, je n'étais pas épanouie : j'allais au travail avec des pieds de plomb. J'ai donc essayé de voir ce qui ne me convenait pas: était-ce mes collègues? Le travailen lui-même? La structure? J'ai même été jusqu'à détailler tâche par tâche ce qui me convenait, ce que j'aimais. J'en suis arrivée au constat qu'il me manquait des pans artistiques et créatifs dans mon quotidien. Dès lors, j'ai réduit mon temps de travail à quatre jours par semaine afin de me libérer un jour pour faire de la peinture, de la couture et "chipoter", comme j'aime bien le dire.

J'ai aussi pris une coach qui m'a permis d'avoir une vision plus précise de ce que je souhaitais et d'oser me lancer dans le côté bricolage, travaux manuels, etc. Avant, je n'osais pas, car j'avais une image négative de ses activités. Je trouvais que cela faisait "vieillot". Mais aujourd'hui, je suis parfaitement à l'aise avec ça.

J'ai repris des cours en architecture d'intérieur, deux soirs par semaine. Normalement, c'était quatre soirs par semaine, mais cela faisait trop pour moi avec le boulot et la vie de famille. Du coup, j'ai sélectionné les cours qui m'intéressaient le plus et ceux qui pouvaient m'apporter des compétences nouvelles à valoriser sur mon CV.

Il est aussi possible que votre vie professionnelle ne vous épanouisse pas vraiment, mais qu'elle vous apporte d'autres avantages. Et c'est très bien aussi ! Georgia témoigne :

Cela fait six ans que je ne trouve pas le job de mes rêves, mais, financièrement, mon travail me permet de m'épanouir car je voyage, je vis en Suisse, je fais du shopping, je profite de ma famille et de la vie. Le niveau de vie que cela me permet d'avoir compense le fait que je ne sois pas épanouie quelques heures par jour.

Prenez le temps d'analyser si votre style de vie actuel vous convient. Si ce n'est pas le cas, vous seule avez les cartes en main pour revoir votre organisation et identifier ce que vous pourriez modifier, améliorer ou remplacer pour avoir la vie que vous souhaitez.

Quelles sont votre mission et vos valeurs ?

J'aime comparer l'être humain — et la jeune maman en particulier — à une entreprise. Une entreprise ne peut prendre des décisions stratégiques pour son développement que si elle connaît ses valeurs, sa mission et sa vision de son propre fonctionnement. C'est pareil pour nous, nous ne pouvons prendre des décisions pour notre développement personnel que si nous connaissons nos valeurs, notre mission et notre vision de la vie. Il est essentiel de savoir ce qui est important pour nous. Pour le savoir, nous devons nous poser deux questions : Quelles sont mes valeurs et ma mission ? Qu'est-ce qui est important pour moi dans la vie ?

Connaître vos valeurs vous permettra de faire de bons choix et, dans le cadre de ce livre, cela vous permettra de prendre les bonnes orientations professionnelles. Vos valeurs proviennent de vos expériences passées, de votre éducation et de votre culture. Mais elles ne sont pas figées et évoluent dans le temps, avec vous. Si vous vous posez actuellement des questions sur votre style de vie ou votre travail, et que vous ressentez un mal-être, c'est que l'une de vos valeurs n'est pas respectée.

Pour ma part, j'ai réfléchi en même temps à ce qu'étaient mes valeurs et celles de mon entreprise, car, en toute logique, les valeurs de mon entreprise reflétaient mon caractère et donnent des indices sur qui je suis. Les trois fondamentaux à mes yeux sont la nature, la famille et la passion.

La nature, dans un premier temps, car j'ai grandi à la campagne et je m'y ressource. Je m'y sens bien. C'est ma source d'inspiration et un endroit où je peux exprimer ma créativité. C'est elle qui recharge mes batteries. Plusieurs heures par semaine, je fais du jogging ou je marche avec mon chien, mon mari et mes enfants. Cela participe à mon bien-être.

La famille, bien sûr, en est une autre ; c'est même l'élément central de ma vie. C'est ma priorité. C'est grâce à elle que je suis celle que je suis aujourd'hui et c'est aussi en devenant maman que j'ai acquis davantage de confiance en moi. Trouver des valeurs éducationnelles pour mes enfants m'a aidée à trouver qui je suis également.

Ma dernière valeur est la passion, car, selon moi, tout doit être fait avec le cœur. Il faut agir avec le soi, et non avec le paraître. Ce que nous faisons, nous devons le faire pour nous et non pour refléter une certaine image de nous-mêmes.

Et vous, avez-vous déjà réfléchi à vos valeurs ? Si oui, êtes-vous en phase avec elles ? Trouvez-vous du sens dans votre travail actuel ? Correspond-il à vos valeurs ?

Chaque fois que je rencontrais une difficulté avec mon entreprise et que j'étais découragée, je me rappelle que je faisais un travail qui a du sens pour moi et qui est en phase avec mes valeurs. J'avais à cœur d'agir pour un monde cosmétique plus écologique, plus respectueux de la santé et pour toute la famille.

On dit très souvent que la vie est un don dont nous devons profiter le plus possible. Souvent, on le sous-exploite car nous nous laissons envahir par le quotidien, par nos habitudes et nous ne décidons pas réellement de la direction que nous souhaitons lui donner. N'oubliez pas que vous êtes seule responsable de votre vie et de votre propre bonheur.

Une fois les valeurs fixées, connaître sa mission permet de ne pas s'égarer. Vous devez savoir ce que vous aimez, ce qui vous fait vibrer et le mettre au cœur de votre vie. Qu'est-ce qui me rend heureuse ? Qu'est-ce que j'aime ? Quelles sont mes passions ? Quand suis-je épanouie ? À quoi ressemblerait ma vie parfaite ?

Il est difficile d'écrire sa mission de vie, surtout parce que celle-ci peut évoluer dans le temps et que certaines personnes pourront en trouver plusieurs. Celle-ci doit en tout cas se rédiger avec le cœur. Votre travail n'est généralement pas votre mission de vie, mais il participe à sa réalisation. Votre mission peut concerner l'éducation, l'aide à la personne, la nature, la recherche et plein d'autres domaines encore. Je pense avoir trouvé ma mission : elle se situe en lien avec l'environnement, l'éducation et la nature. Pour la trouver, cherchez le domaine qui vous permettra de vous sentir en phase avec vos valeurs. Dans quel contexte vous sentez-vous en harmonie avec vous-même ? Aujourd'hui, je considère que mon travail est en phase avec ma mission de vie et mes valeurs. Bien sûr, il pourrait l'être encore davantage et j'ai des rêves secrets concernant l'enseignement et l'éducation qui ne sont pas réalisés actuellement. J'aimerais, par exemple, aider des personnes à répondre à leurs questionnements personnels et à trouver leur voie professionnelle. Nous verrons plus tard dans ce livre que, au-delà de ma mission et mes valeurs, mon travail répond aussi à une organisation, un choix et un style de vie.

Quels sont vos objectifs professionnels ?

La troisième interrogation que je trouve importante est la question du chemin de vie que l'on souhaite prendre. Sur base de nos valeurs, de notre mission et de ce qui est important pour nous, il est maintenant temps de nous demander ce que nous souhaitons. Quelle est notre vision du futur ?

La vision est, pour moi, le moyen de réaliser notre mission. Pour vous aider à définir votre vision, je vous invite à vous fixer des objectifs concrets qui vous permettront d'accomplir votre mission. Par exemple, ma vision à moi, c'est mon moyen de mener à bien ma mission (qui concerne l'éducation, l'environnement et la nature) en accord avec mes valeurs (la nature, la passion et la famille). Je peux dire que travailler dans une entreprise qui développe un projet de cosmétiques respectueux de la planète et de la santé, en ayant un bon rapport entre ma vie privée et ma vie professionnelle, était ma vision, l'objectif que je m'étais fixé il y a trois ans et demi à la naissance de mon premier enfant. C'est cet objectif qui m'a permis de garder le cap.

Et vous, pour atteindre votre mission, quels objectifs vous fixez-vous ? Combien de temps vous donnez-vous pour les atteindre ? Avez-vous déjà imaginé écrire une liste de tout ce que vous souhaiteriez réaliser avant 35, 40, 50 ou 60 ans ? Dans cette liste, avez-vous inscrit « créer mon propre emploi et mon entreprise » ? Et, pour finir, quel chemin de carrière souhaitez-vous emprunter ?

La question des objectifs professionnels prend ici tout son sens. Souhaitez-vous, par exemple, donner la priorité à la hauteur de vos revenus ou au temps que vous pourrez passer en dehors du travail ? Parfois, en décidant de travailler moins, notre salaire est moins élevé, mais on gagne tellement en qualité de vie, en temps pour soi, pour ses enfants et pour sa famille. Le même constat peut être fait lorsque l'on décide de lancer sa propre entreprise. Laetitia Lange, 28 ans, fondatrice du Monica Jane Beauty Boudoir, confirme mes propos :

L'épanouissement personnel passe pour moi avant le confort financier. Cela dépend de nos valeurs. Je gagne moins d'argent qu'avant, mais je gagne davantage en plaisir et en qualité de vie. J'ai toujours vu les points positifs et avantages d'être entrepreneure, tels que le fait de gérer son agenda et son organisation comme on le souhaite. C'est un choix quant à notre confort de vie. Celui-ci se trouve dans les détails et les moments ensemble, et pas dans le confort financier.

Aujourd'hui, la génération des *millenials* (les personnes nées entre 1986 et 1996) travaille pour vivre et a besoin de se retrouver personnellement dans son travail, d'y trouver du sens, à la différence de la génération précédente qui vivait pour travailler. Et c'est là une très grande différence que la génération précédente a parfois du mal à comprendre.

Êtes-vous prête à être maman ?

Quel que soit le chemin de vie qu'elles souhaitent emprunter, beaucoup de jeunes femmes distinguent leur vie professionnelle et leur vie privée. Parfois, elles doutent que l'équilibre entre ces deux pans de leur vie puisse encore exister une fois devenues mamans et elles hésitent, dès lors, à se lancer dans cette merveilleuse aventure de la maternité.

Pour ma part, j'étais certaine que je voulais un enfant. Bee Nature® était en plein développement, mais je ne me suis pas posé de questions. Je savais qu'il n'y avait pas de « bon » moment et que si je devais attendre que mon entreprise tourne toute seule, je devrais probablement encore patienter dix ans !

Lorsque notre premier enfant est né, il a pris sa place naturellement dans notre vie. Nous avons revu notre organisation et j'ai pris trois mois de congé de maternité. Ma priorité était mon bébé et j'adorais m'en occuper. Cependant, même durant cette période, je suis restée fort active professionnellement. Je restais en contact avec mes collègues et je travaillais à distance, me rendant au bureau maximum une fois par semaine.

Très vite, nous avons souhaité agrandir la famille et avons dû revoir notre organisation, d'autant plus que nous n'avions pas prévu d'avoir des jumeaux! Et, comme vous pouvez l'imaginer, l'arrivée de jumeaux demande une sacrée organisation. Par moments, avec mon fils aîné âgé de 16 mois, j'avais même l'impression d'avoir des triplés !

Lorsque des mamans me demandent comment savoir si elles sont prêtes à être mamans, je leur réponds toujours que l'on n'est jamais totalement prête : il faut avoir envie de faire de la place pour cet enfant, pour l'accueillir au mieux, et ensuite bien s'organiser. Pour moi, le travail ne doit pas être une raison pour reporter votre projet d'enfant à plus tard, car il y aura toujours quelque chose d'urgent ou d'important à faire sur le plan professionnel. C'est le propre même de la vie d'entrepreneure.

Pour conclure ce premier chapitre, je dirais que de nombreuses jeunes femmes doutent beaucoup quant à l'équilibre à avoir entre vie privée et professionnelle, et ce encore plus quand elles deviennent mamans. Nous sommes souvent trop hésitantes, nous ne savons pas ce que nous souhaitons vraiment et nous n'osons nous lancer ni dans l'entrepreneuriat ni dans la maternité. Dans ce genre de cas, prendre du temps pour penser plus longuement et plus sérieusement à ce qui est important pour nous n'est pas du temps perdu.

Si vous avez pris le temps de répondre aux quatre questions que j'ai mises en avant, je pense que vous avez de bonnes bases pour entamer une réflexion plus approfondie et un cheminement vers un équilibre de vie qui vous correspondra, afin de vivre pleinement vos choix et de les assumer.

2.

Choisir, c'est renoncer : apprendre à assumer ses choix de vie

Apprendre à assumer ses choix n'est pas toujours facile. C'est même une capacité que j'ai acquise assez tard. Souvent, on se laisse influencer par le regard des autres, par des remarques, des critiques. Si notre choix de vie est différent de celui de la majorité, il est parfois facile de nous faire douter. En effet, la différence dérange souvent. Pour aller à l'encontre de ces pressions, je vous propose de vous écouter. Si vous êtes bien avec vous-même, vous n'entendrez pas les remarques non constructives venant de l'extérieur.

Assumer vos choix, dans tous les domaines, est l'une des choses les plus importantes dans la vie et le meilleur exemple que vous pourrez donner à vos enfants. Vous n'êtes pas une victime, et chacune d'entre nous doit prendre sa vie en main. Même s'il y a des moments difficiles à traverser, transformez-les en opportunités d'apprentissage. Qu'en faites-vous ? Où mettez-vous votre énergie ? Quel est l'essentiel pour vous ? Répondre à ces questions passe par des prises de décision et par le fait d'en assumer les conséquences, qu'elles soient positives ou négatives.

Oui, c'est risqué de devenir entrepreneure !

Avant de nous lancer, nous aimerions toutes recevoir l'assurance que cela en vaut la peine et être munies du mode d'emploi de la parfaite entrepreneure. Malheureusement, cela n'existe pas, car tous les parcours et toutes les expériences sont uniques. Il ne faut cependant pas se mentir : les désavantages liés à l'activité d'entrepreneure sont nombreux, et décider de tout plaquer pour réorienter sa carrière et créer son propre emploi est risqué.

Le premier grand risque est bien évidemment financier. Comment vais-je me payer durant les premiers mois, quand l'entreprise ne fera encore aucun bénéfice ? Qu'arrivera-t-il si mon entreprise fait faillite ? Bien que cette peur soit légitime, je vous exposerai ultérieurement les moyens qui peuvent vous aider à vous prémunir contre ce type de peur.

À côté de ceux-là se trouvent les changements liés à la perte d'un emploi stable dans une entreprise :

- la perte de vrais congés, car en ayant votre propre entreprise vous ne serez plus jamais vraiment en congé. Être disponible pour vos collaborateurs et lire vos e-mails fera sans doute partie de votre quotidien, même en vacances et en week-end. Il y aura tout le temps des urgences, des imprévus ou des problèmes que vous devrez gérer et que vous seule pourrez régler ;
- l'espace de travail devient flexible, car votre journée ne se limitera plus à votre présence physique au bureau. Votre voiture, votre appartement ou votre maison, le champ derrière chez vous, le café du coin deviendront également votre bureau, avec des horaires tout aussi flexibles et étendus ;
- le stress des responsabilités : on ne vous dira jamais quand vous faites du beau boulot, mais les erreurs seront remarquées et relèveront toujours de votre responsabilité. Vous aurez aussi le devoir d'atteindre les résultats, de prendre les bonnes décisions, de payer

vos employés chaque mois, d'instaurer une bonne ambiance au bureau, de bien recruter, etc. ;

- la fin des avantages extralégaux, parce qu'en tant que femme indépendante, et même si les lois sont en train de changer, vous n'avez pas les mêmes avantages qu'une femme employée, notamment en ce qui concerne les congés de maternité, d'allaitement, de parentalité, de crédit-temps ;
- la fin des avantages liés à la protection de l'emploi, comme les congés payés, le treizième mois, le pécule de vacances et le préavis.

D'autres mamans m'ont fait part de craintes plus personnelles. Georgia est notamment préoccupée par son image et sa capacité à persévérer dans un domaine précis, car elle a tendance à se lancer très souvent dans de nouveaux projets :

> *Je pense que ce sont des barrières liées à mon image qui m'empêchent de me lancer. Par exemple, on m'a toujours vue dans la mode, la coiffure et l'esthétique. Et moi, j'avais dans l'idée de faire une grande carrière. Je voulais faire un master à l'université. [...] Je commence beaucoup de nouvelles choses, je suis pleine de motivation, de bonne volonté, j'achète du matériel professionnel de qualité, mais ensuite je me lasse vite et je ne ressens pas le besoin d'être experte dans le domaine. Du coup, je ne me sens pas assez crédible pour poursuivre dans une voie ou une autre.* Avoir la bonne idée de départ fait aussi partie de ses craintes : *J'ai l'impression que je n'aurai jamais l'idée qui fonctionne.*

Pour Marie, les peurs sont également multiples :

La grosse peur, en ce qui me concerne, concerne le domaine financier. C'est ce qui m'empêche de me lancer à 100 % dans un projet créatif qui serait entièrement le mien. La peur aussi de ne pas y arriver, la peur du regard des autres, car entreprendre, c'est s'exposer aux autres. J'ai aussi peur de ne pas aimer, de tout lâcher pour finalement me rendre compte que cela ne me plaît pas et me retrouver sans rien.

Outre les appréhensions liées à des conditions pratiques, comme le risque financier ou la perte d'avantages extralégaux, nous constatons, avec ces témoignages, qu'il existe aussi beaucoup de craintes plus personnelles qui peuvent justifier le fait de ne pas oser se lancer : la peur de l'image que l'on a ou que l'on va donner, la peur de se lasser trop vite et de ne pas aimer cette nouvelle vie, la peur de ne pas avoir la bonne idée, la peur de ne pas être suffisamment compétente...

Sachez qu'oser surpasser ses craintes et ses peurs est possible, en étant bien préparée à ce qui vous attend et bien entourée. Il ne faut pas oublier que les avantages de la vie d'entrepreneure sont nombreux et devraient, après avoir envisagé le négatif, vous motiver à y réfléchir davantage.

Alors, pourquoi lancer son entreprise ?

Finalement, quand on a listé tout ce que l'on perd à se lancer, pourquoi le faire quand même ? Ce qui fait rêver la plupart des femmes, c'est l'impression de liberté. Marie confirme cette envie d'émancipation :

J'ai l'impression que ce qui motive les gens à lancer leur propre entreprise, c'est la liberté. Quand on travaille pour soi, j'ai l'impression que ce n'est pas vraiment travailler; c'est s'amuser. J'imagine que c'est dur de travailler seule et pour soi à certains moments, mais avoir le contrôle sur l'horaire, l'aménagement, les décisions, ça a l'air génial!

Pour certaines femmes, l'entrepreneuriat semble s'imposer comme une évidence. Mélanie Dewulf, maman de deux adolescents, a repris l'agence de communication Top Secret il y a quinze ans. Elle raconte que sa décision a plutôt été intuitive:

Je n'ai pas eu vraiment de déclic; j'ai toujours eu mille projets. Je suis une fille à projets, qui a toujours envie de faire bouger les choses. Je suis issue d'une famille entrepreneure, chef d'entreprise ou manager (aussi bien parmi mes parents que grands-parents), et j'ai donc vécu toute ma vie avec ce type de profils autour de moi. J'ai toujours vu mon père gérer la charge de travail et le stress inhérents à son poste, mais aussi bénéficier de la flexibilité et de l'agenda que l'on peut organiser à sa façon. En plus de cela, j'ai un esprit de leader, j'ai toujours été la première à proposer des idées et à les mettre en place.

Pour Emmanuelle Servais, maman de trois jeunes adultes qui a créé un réseau de pharmacies en Belgique il y a vingt-cinq ans, ce fut également une évidence:

Je voulais depuis toujours faire des études de pharmacie, mais j'ai choisi un cursus scientifique plus polyvalent, sur les conseils de mes parents. Lorsque j'ai terminé ce cursus, j'ai réalisé que les débouchés ne me convenaient pas. J'ai alors repris des études de pharmacie quelques années plus tard parce que je voulais être indépendante, être ma propre patronne, et avoir ma pharmacie. Je ne savais pas à cette époque que j'allais développer une si grande entreprise, mais, dès l'achat de la première pharmacie, j'ai su que je souhaitais en avoir d'autres. Je continuais à regarder les opportunités et je commençais à m'entourer, à former une équipe, à recruter, ce que j'aimais beaucoup.

J'avais certaines certitudes et je les ai suivies: je voulais travailler dans le domaine de la santé; je voulais créer de l'emploi et être indépendante. Je retrouve toutes ces facettes de mes envies dans ce que je fais aujourd'hui: la gestion opérationnelle, le marketing, les ressources humaines, la gestion financière, les challenges du secteur pharmaceutique d'aujourd'hui, l'action sur la santé et le travail en équipe.

Selon moi, les avantages de se lancer dans cette aventure folle de l'entrepreneuriat l'emportent largement sur les désavantages. Parmi les multiples éléments qui m'ont poussée à me lancer, je citerais en premier lieu la possibilité de se montrer créatif. La vie d'un entrepreneur est remplie d'imprévus et de problèmes auxquels il faut trouver des solutions. Il est toujours nécessaire de penser hors du cadre, ce qui nous impose de revoir sans cesse notre *business model*. Deuxièmement — et c'est lié à l'idée de la créativité —, la vie d'un entrepreneur est palpitante ! Chaque journée est différente de la précédente. En huit ans, je n'ai jamais connu deux jours qui se ressemblaient, et ma fonction a évolué chaque année sans que je m'en aperçoive, en passant de la vente au marketing, des ressources humaines au management d'équipe, de l'événementiel à la logistique, de la finance à la comptabilité. Troisièmement, le lieu de travail est flexible, de même que les horaires. La vie d'entrepreneure laisse la possibilité de s'organiser comme on le souhaite ! Cela me convient très bien car, une fois concentrée, je suis très productive et quand je suis au bureau, j'y suis à 100 %. Je travaille vite; je n'aime pas les pauses qui me font perdre du temps, mais j'ai compris que je ne pouvais pas être concentrée plus de six ou sept heures d'affilée. Être ma propre cheffe me permet de respecter ce mode de travail, très personnel, et de partir plus tôt que mes collègues pour aller chercher mes enfants à l'école et la crèche. En contrepartie, je veille à rester disponible pour les urgences et je travaille, quand c'est nécessaire, le soir et le week-end. Enfin, créer son entreprise signifie développer un produit ou un service qui fait sens pour vous et donc faire un travail qui vous plaît, qui correspond à vos valeurs, à ce que vous aimez ; un travail qui vous convient et qui apporte du sens à votre vie. Et ça, pour moi, ça n'a pas de prix.

Concentrez-vous sur le positif !

Dans le cas où vous êtes une jeune maman travaillant actuellement en tant qu'employée, mon but n'était pas ici de vous montrer tout ce que vous allez perdre et tout ce que vous regretterez d'un poste confortable.

Dans le cas où vous hésitez à avoir des enfants maintenant, à cette étape de votre vie, rappelez-vous qu'il n'y a pas vraiment de « bon moment ». Reporter n'est pas forcément une solution, car il vous faudra bien apprendre un jour à combiner vie de famille et vie professionnelle. Je définirais la jeune maman comme celle qui doit s'adapter à toutes les situations, mais ne vous inquiétez pas : si le cœur, l'envie et l'amour sont là, vous ferez des miracles.

Quelle que soit votre situation, il est important de toujours mesurer le pour et le contre dans chaque décision. Afin de faciliter cette étape de votre réflexion, je vous invite à prendre une feuille de papier et à lister tous les points positifs et négatifs du projet dans lequel vous voulez vous lancer. S'il y a plus de points positifs, foncez et assumez, en vous concentrant sur ceux-ci uniquement. S'il y a plus de points négatifs, prenez davantage de temps pour repenser le projet, l'équipe, l'organisation et recommencez ultérieurement.

Oser pour ne pas regretter

Il n'est bien sûr pas facile de se lancer. Comme je l'ai déjà dit, la plupart d'entre nous hésitent et se posent des questions. Néanmoins, si l'on en croit les témoignages recueillis dans le cadre de ce livre, la majorité des femmes entrepreneures sont heureuses d'avoir osé se lancer, car elles ont trouvé un style de vie qui leur convient parfaitement. Laetitia Lange (Monica Jane Beauty) en témoigne :

À plusieurs reprises, j'ai failli tout lâcher ou tout revendre. En tant qu'entrepreneur, on prend des risques, on travaille trois fois plus que les employés ; on ne se paie pas de salaire pendant de nombreux mois, mais on capitalise pour le futur. Aujourd'hui, pour rien au monde je ne ferais un retour en arrière à propos de l'entrepreneuriat, même si je sais qu'il faut beaucoup de résilience pour arriver à cet état d'esprit. Il y a une petite part d'incertitude constante dans l'entrepreneuriat, et c'est cela que j'aime. La plupart des entrepreneurs aiment les risques et l'incertitude.

Pour Emilie Duchêne, maman de trois jeunes enfants et créatrice de la marque de bijoux Thea Jewelry, toute expérience est bonne à prendre, même si le projet ne perdure pas :

Oser se lancer, c'est ne pas passer à côté de ses rêves. On apprend énormément de choses sur nous lors d'une telle expérience et on rencontre tellement de personnes intéressantes ! Même si mon projet ne devait plus fonctionner, j'aurai appris tellement que je n'aurai pas de regrets.

Mélanie Dewulf, propriétaire de l'agence de communication Top Secret, voit son travail comme un vecteur d'épanouissement et de reconnaissance :

Après quelques années d'entrepreneuriat, je peux dire que j'ai trouvé un équilibre, et cela se ressent : je suis heureuse. Mes enfants me voient heureuse et se disent que leur maman est épanouie. Travailler beaucoup, ce n'est pas grave selon moi, à partir du moment où on est en équilibre avec ses valeurs. Être entrepreneure, c'est aussi être reconnue lorsque je vois de la fierté dans les yeux de mon mari et de mes enfants.

Bien sûr, je vous parle ici d'entrepreneures qui sont toujours à la tête de leur business et qui sont parvenues à trouver un équilibre entre vie privée et vie professionnelle. Certaines se demanderont peut-être où sont les témoignages de celles qui ont osé se lancer et qui n'ont pas réussi. Je vous demanderai alors ce que vous entendez par « ne pas réussir ».

Même si les bénéfices financiers de votre entreprise ne correspondent pas à vos espérances, les rencontres, les compétences acquises, le réseau créé, la connaissance de soi affinée et l'énergie déployée constituent à eux seuls un énorme succès. Stéphanie Fellen le confirme, elle dont le premier projet dans la mode éthique a fait faillite en 2018. Ce projet lui a beaucoup appris et lui a donné l'énergie de rebondir pour lancer, en 2019, son cabinet de conseils en économie circulaire, qui rencontre un grand succès : « *Je pensais que c'était la fin du monde de faire faillite, et en fait, je le vois maintenant comme un événement positif de mon parcours. Avec ce projet avorté, j'ai pris de l'expérience et j'ai gagné au change.* »

Pour ma part, cela fait à ce jour neuf ans que j'ai créé mon entreprise, et ce n'est pas facile tous les jours. J'aimerais parfois n'avoir qu'une seule tâche répétitive à exécuter, tellement je suis sollicitée de tous côtés. À ce stade, je n'ai toujours pas mis d'argent de côté et je n'ai pas encore commencé à cotiser pour ma retraite. L'entreprise ne dégage pas encore de bénéfices puisqu'elle est en croissance et que nous investissons énormément en recherche et développement. Pourtant, je ne regrette rien : j'apprends continuellement ; j'ai acquis des compétences que je n'aurais jamais pu acquérir d'une autre manière et j'ai développé une force mentale qui me pousse à vouloir aller toujours plus loin ! Je peux laisser libre cours à ma créativité et chaque jour est une nouvelle aventure.

Être entrepreneure, c'est parier sur le futur. C'est oser prendre un risque aujourd'hui pour en récolter les fruits plus tard. Essayer pendant quelques mois pour se rendre compte que ce n'est pas le bon chemin ou que cela ne fonctionne pas, que cela représente-t-il dans une vie professionnelle aujourd'hui ? Tout ce que vous aurez appris pendant cette période pourra être valorisé, que ce soit votre nouveau réseau ou vos nouvelles compétences techniques et humaines.

Faut-il laisser mûrir le projet ou suivre son intuition ?

Si l'envie de se lancer se fait ressentir, certaines suivront leur instinct et leurs intuitions, tandis que d'autres préféreront laisser le projet mûrir le projet. C'est le cas d'Emilie Duchêne (Thea Jewelry) qui, pendant deux ans, a souhaité tester son idée avant de se lancer :

Je n'avais pas envisagé mon projet comme un business. Je le voyais comme un moyen d'épanouissement personnel. Au bout de huit ans chez mon ancien employeur, j'avais besoin de retourner davantage dans la créativité et d'avoir un job à moi, un projet personnel.

J'avais lancé un petit blog sur lequel je partageais mes bons plans et qui était fort suivi. Je me suis ainsi créé une communauté et de la visibilité. C'était un bon point de départ pour lancer un business.

Par ailleurs, j'ai toujours été très attirée par tout ce que l'on pouvait personnaliser. Quand j'étais enceinte, j'ai cherché à pouvoir faire une bague avec le nom de ma fille, mais je ne trouvais rien sur le marché. Tout me semblait de mauvaise qualité, trop gros, trop plat, pas joli. J'ai finalement été me faire une bague en or rose, sertie de diamants bleus. En la portant, j'ai constaté qu'elle suscitait un très gros engouement. Je n'avais pas l'impression d'avoir eu une idée révolutionnaire, mais je me suis dit qu'il y avait peut-être un business à créer. Je n'ai donc pas cherché à faire un projet à tout prix. Je voulais simplement créer quelque chose qui m'épanouirait, et il est venu à moi. J'ai créé un blog monoproduit et j'ai créé un visuel mettant mon produit en valeur. J'avais déjà ma communauté pour me soutenir et j'ai bénéficié de quelques parutions dans la presse... Et le succès a pris! Il y a eu un engouement rapide pour mes bijoux, notamment parce que quelques célébrités ont créé le buzz en portant une de mes bagues! Je n'ai pas vraiment cherché à étendre mon business, mais simplement à répondre aux demandes de mes clientes.

Il n'y a pas de réponse universelle à cette question. Il faut surtout s'écouter, comme le précise Mélanie Dewulf (agence Top secret):

J'ai fonctionné au feeling et ai fait appel à mon bon sens pour développer l'entreprise. Néanmoins, il ne faut pas négliger l'importance de la réactivité de ce type de projet: il faut sans cesse innover et rester proactif pour faire en sorte que cela fonctionne. Il faut en permanence se remettre en question.

C'est également ce qu'a fait Emmanuelle Servais, en travaillant sans *business plan* ni plan financier:

J'ai longtemps fonctionné comme une indépendante qui saisit les opportunités plutôt qu'en suivant un plan déterminé. Je n'ai jamais eu de business plan *d'ailleurs. On commence seulement maintenant à prévoir des budgets. Il y a vingt-cinq ans, quand j'ai acheté ma première pharmacie, c'était avant tout pour avoir accès à la profession. Mais je savais qu'en déplaçant simplement la pharmacie dans un endroit plus stratégique, nous allions doubler son chiffre d'affaires. En fait, j'avais le business plan en tête, mais il restait implicite car la pharmacie est une question d'opportunités. Les pharmacies ont en général une durée de vie de vingt-cinq ans et on ne peut les acquérir que lorsque le pharmacien décide de remettre son activité. C'est donc un domaine où on ne sait pas anticiper. Ce n'est pas comme un produit pour lequel on peut prévoir des lancements et extrapoler un chiffre de ventes.*

Pour mon projet Bee Nature®, je n'ai pas réfléchi longtemps avant de me lancer. J'ai également suivi mon intuition et saisi les opportunités que j'avais moi-même créées, étant donné que mon projet est le fruit de recherches réalisées durant mon stage et mon travail de fin d'études à l'université. Lorsque j'ai remporté le concours dédié à l'entrepreneuriat au féminin d'*ELLE Belgique*, j'ai tout de suite décidé de me lancer. Je n'avais jamais raté d'année à l'école, mon mari était encore étudiant et je n'avais pas d'enfant à nourrir ni de crédit à payer, vu que je vivais encore chez mes parents. Je n'avais donc pas grand-chose à perdre et, si le projet échouait, j'apprendrais au moins de mes erreurs.

Quoi qu'il en soit, Mélanie a raison à propos de la proactivité : le projet de Bee Nature®, comme tant d'autres, est en perpétuelle remise en question. On teste, on adapte, on améliore, on modifie le *business model*, et on recommence !

Partie 2

LANCER SON ENTREPRISE

1.

Conceptualiser et construire son projet

Conceptualiser un projet est une étape importante de sa création et peut sembler difficile. Poser vos idées sur le papier, définir précisément votre projet, établir le *business plan*, définir sa cible et imaginer ce qu'il deviendra dans dix ans est pourtant le point de départ.

Tant que vous gardez un projet en tête, vous l'imaginez et le rêvez. Une fois que vous l'écrivez, le schématisez ou le dessinez, vous le conceptualisez. Le poser sur papier sous forme de *mindmapping* ou de *business plan* vous permettra d'avoir une vision plus complète, plus claire et précise de ce qu'est votre projet. Il est donc logique que ce soit la première étape de son lancement.

J'ai décomposé la création du projet en trois étapes très simples et pragmatiques, que j'ai personnellement appliquées quand j'ai créé Bee Nature®:

1) établir le fondement du projet

2) rédiger un *business plan*

3) développer la communication

1. Établir le fondement du projet

La toute première étape consiste à choisir son statut. C'est une décision très importante qui nécessite de se renseigner sur toutes les obligations légales à respecter, ainsi que sur toutes les protections sociales existantes pour chaque statut possible.

Souhaitez-vous être indépendante complémentaire en tant que personne physique ou créer une entreprise ? Souhaitez-vous travailler seule ou vous lancer à plusieurs ? Si vous optez pour cette organisation, comment répartissez-vous les parts de l'entreprise ? Et le temps de travail ainsi que le capital de départ ? Si collaboration il y a, il sera essentiel d'établir une convention de partenariat, qui détaille les droits et obligations de chaque partie dans tous les cas de figure.

Il existe de nombreux organismes publics qui peuvent vous aider gratuitement et vous accompagner pour ces premières démarches, ainsi que des notaires et des avocats. Ils pourront répondre à toutes vos questions et vous aider à cerner ce vers quoi vous souhaitez aller.

La deuxième étape consiste à trouver un nom au produit ou au service que vous souhaitez développer et à le protéger officiellement auprès de l'OBPI (Office Benelux de la Propriété intellectuelle) pour que personne d'autre ne puisse l'utiliser. Ce service n'est pas gratuit, mais il n'est pas très coûteux non plus et le dossier de demande est très simple à introduire. À ce stade, vous pouvez aussi créer votre logo et le faire protéger également. Dans mon cas, les marques Bee Nature® et Babee Nature® sont protégées sur le territoire de l'Union européenne, ainsi que les logos, qui représentent l'élément visuel de notre marque.

Pour réaliser votre logo, je vous conseille de faire appel à un graphiste indépendant ou à une entreprise de communication. Le mien a été créé tout simplement par une amie voisine, une jeune femme créative, dans le cadre de ses études en communication.

2. Réaliser un *business plan*

Le *business plan* est un document confidentiel qui reprend l'ensemble de votre projet et son évolution. Il est indispensable de vous appuyer sur ce type de plan lorsque vous cherchez des financements et des partenaires pour pouvoir vous lancer. Par ailleurs, c'est un excellent outil à réaliser, pour vous-même, afin d'y voir clair sur votre projet et son développement et vous assurer que vous avez réfléchi à tous les aspects de votre nouvelle activité.

Deux options sont possibles à ce stade : soit vous passez par une étape de schématisation de votre projet (sous forme de *mindmapping* ou carte mentale, une technique que vous pourrez apprendre facilement en consultant Internet ou des ouvrages spécialisés sur le sujet), soit vous entamez directement la réalisation d'un *business plan*.

On y retrouve quatre points essentiels :

1) Le marché dans lequel se situe votre produit ou service.

Pourquoi avez-vous eu cette idée et souhaitez-vous la lancer ? Y a-t-il de la place pour votre idée sur le marché ? Avez-vous identifié un besoin auquel votre produit viendrait répondre ? En rédigeant cette partie du document, vous devrez être précise et utiliser des chiffres percutants pour montrer le potentiel de développement de votre produit ou service sur le marché sélectionné. Par exemple, pour ma gamme de produits Babee Nature®, voici quelques chiffres importants que j'avais analysés avant de me lancer :

- il y a 120 000 naissances par an en Belgique, et la plupart des mamans utilisent, pendant les trois premières années de vie de leur bébé, des produits ciblant spécifiquement cette tranche d'âge. Ces chiffres m'ont prouvé que le potentiel pour ma gamme de produits était important en Belgique ;

- les silicones, qui sont largement présents dans la cosmétique conventionnelle, mettent entre 400 et 500 ans pour se dégrader dans la nature. La cosmétique naturelle, en évitant d'utiliser ce type de produit, répond donc aujourd'hui à des exigences environnementales importantes.

Il faudra ensuite choisir le type de marché dans lequel faire entrer votre produit : s'agit-il d'un marché local, régional, national ou européen ? Une fois bien ciblé, vous devez identifier les tendances de ce marché. Aidez-vous autant que possible d'études déjà existantes. Prenons à nouveau le cas de mes produits Babee Nature®. Un chiffre m'a particulièrement interpellée : 43 % des Français ont acheté, en 2016, un produit biologique. Ce résultat, extrapolable à la Belgique, montre que la mise en vente de produits cosmétiques naturels répond bien aux tendances du marché français.

Une fois le marché défini, il faut maintenant s'intéresser à la cible : à quel type de clientèle s'adresse votre service ou votre produit ? Celle-ci doit être très précise. Établir le profil de votre cible vous aidera à établir les bases de votre communication et de votre identité graphique. En ce qui me concerne, la cible de ma gamme de produits Babee Nature® est les (futurs) parents de nourrissons de 0 à 3 ans, y compris ceux avec une peau atopique.

Décrivez et identifiez pour finir votre concurrence : comment est-elle ? Comment évolue-t-elle ? Quelles sont les différences avec votre produit ou service ? Cela vous permettra d'identifier les valeurs ajoutées de votre projet. Même s'il existe de très nombreux produits dermocosmétiques sur le marché à destination des nourrissons, Babee Nature® est la seule et unique gamme en Europe qui allie naturalité et dermatologie dans ses formules pour les nourrissons avec un pH neutre.

2) La description du produit ou du service que vous souhaitez lancer (ou les quatre P).

Pour décrire au mieux votre produit, vous devrez répondre aux questions suivantes :

- Quel est le **produit** ou le service innovant que vous allez proposer ? Décrivez-le le plus précisément possible en évoquant ses spécificités et la manière dont il se différencie de la concurrence. Parlez de votre nom et de votre logo également.
- Quel est son **prix** et son positionnement sur le marché ? Où se situe-t-il par rapport à la concurrence ?
- Quelle distribution (quels **points de vente**) envisagez-vous pour votre produit ? Une distribution exclusive ou sélective ? Une distribution en grande surface ? Une distribution exclusivement en ligne ? Allez-vous chercher un distributeur ? Ou souhaitez-vous gérer la distribution en interne ?
- Comment allez-vous réaliser votre **promotion** ? Quelle communication allez-vous utiliser ? Quel ton ? Quel est le message que vous souhaitez diffuser ? Comment allez-vous le diffuser ? Via la presse écrite : la presse généraliste ou féminine ? Via la blogosphère ou la création de votre propre magazine ou blog ? Allez-vous utiliser une agence de presse ?

3) La description de l'entreprise que vous comptez créer ou avez créée.

Afin que les investisseurs aient envie de s'impliquer dans votre projet, il est important de leur présenter votre entreprise de manière complète.

- Présentez l'équipe: parlez de vous, de vos passions et de votre parcours professionnel, de qui vous êtes. Faites-en de même pour les personnes qui accompagnent votre projet.
- Décrivez l'origine et l'histoire de votre projet: comment l'avez-vous imaginé ? Comment l'idée vous est-elle venue ? Ce point est très important, car il rejoint le «storytelling», l'histoire qui va être racontée autour de votre produit et incitera des investisseurs à miser sur votre projet.
- Pensez aux valeurs de votre entreprise et à sa mission: pourquoi existe-t-elle ?
- Parlez de vos partenaires: avez-vous une banque qui vous aide ? Un réseau d'entrepreneurs ? Un incubateur ? Une université avec laquelle vous collaborez ?
- Citez les concours auxquels vous avez participé ou les prix que vous avez peut-être déjà reçus.
- Présentez quelques chiffres si vous avez déjà créé une communauté sur les réseaux sociaux, que vous avez déjà vendu des produits dans certains contextes particuliers (marchés de Noël, ventes à domicile, à des amis, etc.). Montrez l'intérêt qu'ont les clients pour votre produit ou service.

4) Le financement de votre projet

Le dernier point, mais non des moindres, que vous devez aborder dans ce *business plan* est le financement de votre projet. Comment comptez-vous le financer ?

Il existe plusieurs façons de faire :

- en capital propre grâce à un apport de votre part si vous avez un peu d'économies ;
- grâce à des prêts bancaires, mais faites attention aux garanties pour ne pas risquer de perdre vos biens personnels ;
- via du *crowdfunding*, un système participatif par lequel des internautes deviennent investisseurs et actionnaires de votre entreprise. Il existe de nombreuses plateformes sur le web qui permettent ce type de financement tout en offrant de la visibilité et des services connexes ;
- via du *crowdlending*, où les internautes font office de « banques » et prêtent de l'argent à l'entreprise ; il existe également de nombreuses plateformes qui proposent ce service ;
- via des investisseurs professionnels. Il existe divers réseaux qui rassemblent les investisseurs potentiels et auxquels vous pouvez vous adresser pour présenter votre projet.
- via des aides et subventions accordées par les pouvoirs publics. A fortiori, les conditions d'accès peuvent évoluer chaque année, donc n'hésitez pas à vous renseigner, car il serait dommage de passer à côté de ces aides. De plus, certaines de ces subventions sont spécifiquement réservées aux femmes.

L'important est ici d'indiquer le capital déjà investi dans l'entreprise, si celle-ci a déjà été créée, ou, à l'inverse, de planifier vos besoins avec un plan financier sur trois ou cinq ans, afin d'inciter des investisseurs ou des banques à vous prêter de l'argent. Il existe de nombreux ouvrages destinés à la réalisation de plan financier. Ayant moi-même bénéficié de l'assistance d'un coach sur ce point, je vous invite à profiter des services d'une personne compétente en la matière pour réaliser un plan clair et complet, qui comprendra toutes vos hypothèses de développement.

Pensez aussi aux ambitions de croissance que vous nourrissez pour votre entreprise. Comment la voyez-vous dans cinq ans ? Dans dix ans ? Imaginez le nombre de points de vente, la croissance des ventes, les projets d'innovation à venir, etc. De quels moyens financiers aurez-vous besoin pour y parvenir ?

Une fois votre entreprise lancée, vous pourrez également penser aux subsides et aux aides régionales ou même européennes, qui sont nombreuses pour les très petites entreprises (TPE).

Le *business plan* est donc un document qui rassemble toute la stratégie de votre entreprise et que vous devez considérer comme la Bible de votre société. C'est un document qu'il vous faudra, par la suite, régulièrement actualiser. Personnellement, je mets à jour le *business plan* de Bee Nature® plusieurs fois par an pour prendre en compte les changements de stratégie effectués ainsi que les résultats déjà obtenus.

3. Développer la communication

Une fois le *business plan* mis au point, il faut penser de manière plus approfondie à la communication que vous souhaitez établir. Réservez votre nom de domaine et créez un site Internet, ainsi que votre profil ou page sur les réseaux sociaux comme Instagram®, Facebook®, LinkedIn® et YouTube®. Outre la communication numérique, pensez à la communication papier également : cartes de visite, catalogues, flyers sont à prévoir. Si vous désirez externaliser la communication, je vous conseille de déléguer la gestion de tous vos supports de communication à une seule agence afin d'avoir une identité graphique cohérente.

N'oubliez pas, finalement, de construire votre réseau, de *networker*. Pour agrandir votre carnet d'adresses, inscrivez-vous dans des cercles d'affaires ou dans un incubateur.

2.

Dix conseils pour lancer et gérer son entreprise

Dans ce chapitre, je vais partager avec vous dix conseils pour mener à bien votre projet. Il ne s'agit pas de conseils théoriques comme ceux que nous apprenons sur les bancs de l'école, mais bien de conseils qui découlent de mes huit années en tant qu'entrepreneure. Ce sont des recommandations que j'aurais sans doute aimé recevoir à mes débuts pour me mettre en garde contre certaines erreurs, même si je suis bien consciente que la meilleure école restera toujours votre propre expérience.

1. Choisir un produit ou un service de niche à prix de vente élevé

Si je ne devais choisir qu'un seul avertissement, ce serait celui-là ! En effet, si c'était à refaire, je l'écris et le crie haut et fort, jamais je ne recréerais de produits cosmétiques. C'est un secteur très fragmenté : les parts de marché y sont divisées en une multitude de marques, et les canaux de distribution sont très disparates. On trouve de la cosmétique partout et la concurrence est accrue entre les marques.

Parallèlement à cela, la plupart des marques appartiennent à quelques grandes entreprises. C'est bien la preuve que les ventes par référence et par marque sont faibles : les grands noms de la cosmétique ont besoin de milliers de références et de plusieurs marques pour continuer à se développer et à faire du chiffre.

Selon moi, l'idéal est de choisir un marché à faible concurrence (ou avec une concurrence correcte), ce qui nous amène vite aux produits avec un positionnement et un prix de vente élevé. En effet, dans les marchés de luxe, la concurrence est généralement plus faible.

Un marché comme la cosmétique comporte également un autre désavantage : même si la marge est bonne, il faut vendre beaucoup d'unités pour faire du chiffre. Or la question du chiffre d'affaires est souvent la première que l'on pose à un entrepreneur. En cosmétique, il est nécessaire de recourir à des distributeurs et des revendeurs, ce qui réduit au final les marges unitaires puisque chacun prend un pourcentage sur le produit vendu.

Pour visualiser les différences pouvant découler du choix du marché, faites le calcul avec moi : en 2018, Bee Nature® a vendu 80 000 produits en Belgique à un prix moyen de 5 €. Une grande marque cosmétique de luxe dont je tairai le nom en a vendu 20 000 sur la même période, au prix de 150 €. Elle a donc fait un chiffre d'affaires 7,5 fois supérieur à celui de mon entreprise, en dépensant moins d'énergie dans la vente, la production et la logistique.

L'idée derrière ce calcul est de vous démontrer que vous serez plus rapidement rentable en choisissant un marché de niche, avec un positionnement haut de gamme. Si votre projet se situe plutôt dans le domaine du service, ce conseil est tout aussi valable : n'ayez pas peur de faire valoir vos compétences en vous plaçant dans un secteur de niche.

2. Lever beaucoup d'argent et plus que nécessaire

Une entreprise en plein développement sera amenée, surtout si elle a besoin de créer un stock de produits, à avoir de la trésorerie sur son compte bancaire. En effet, avant de pouvoir bénéficier des sommes récoltées par la vente, il faudra payer les fournisseurs mais aussi investir dans le développement de projets ou, dans le cas de Bee Nature®, investir dans l'innovation, la recherche et le développement de nouveaux produits.

Afin de financer cette croissance, divers outils existent. Nous avons déjà cité plus haut les banques, les aides et subsides régionaux ou (inter)nationaux, le capital propre, le *crowdfunding*, le *crowdlending* ou encore les investissements d'hommes ou de femmes d'affaires aguerris.

Bee Nature® a été la première entreprise en Belgique à faire appel au crowdfunding. Plus de cent investisseurs ont cru en mon projet ce qui m'a permis de lever 50 000 € en trois mois via une plateforme destinée aux internautes-investisseurs. Cette première levée de fonds a soutenu le lancement de mon entreprise et l'achat de toutes les matières premières destinées à la première salve de production ainsi que les packagings, mais aussi à faire tous les tests réglementaires me permettant de vendre un produit cosmétique dans l'Union européenne (tests de stabilité, challenge tests, tests microbiologiques, tests de toxicité). Depuis sa création, l'entreprise a encore fait trois levées de fonds.

Cela fait huit ans que Bee Nature® a été créé. J'ai levé, certes, beaucoup d'argent, mais si je prends du recul, ce n'est pas tant que cela face à tout ce qui a été réalisé. Mon entreprise fonctionne toujours comme une start-up après huit ans d'activités, et je la développe lentement, avec précaution et modestie. Elle ne fait pas partie du paysage des start-up dont on parle longuement et à fréquence répétée dans les journaux économiques du pays. Je n'ai pas levé plusieurs millions d'euros pour recruter une cinquantaine de personnes et accroître les ventes de façon exponentielle, mais je n'ai pas non plus dilapidé l'argent récolté en ayant très peu de retour sur investissement. J'avance petit à petit; je teste des hypothèses, que je valide ou non, pour ensuite poursuivre ma route.

Chercher de l'argent est un processus très long. Il faut préparer un dossier qui comprend le plan financier déjà évoqué plus haut et s'entraîner à le présenter devant des investisseurs, avant que n'arrive seulement la phase de négociation et toutes les démarches administratives chez le notaire. En très bref, sachez que vous devrez convoquer les actionnaires à une assemblée générale extraordinaire d'augmentation de capital, durant laquelle une mise à jour des statuts de l'entreprise pourra être faite. Après signature des actes notariés et l'ordre du jour des assemblées générales extraordinaires, on passe à la validation de l'attestation bancaire prouvant que l'argent destiné à l'augmentation de capital est disponible sur le compte. C'est seulement après toutes ces étapes que vous arriverez enfin à la libération des fonds.

Il se passe donc souvent plusieurs mois entre le moment où vous avez décidé de lever des fonds et le moment où vous les touchez. C'est pourquoi il faut toujours être prévoyante et ne jamais oublier que vous devrez couvrir ces mois de « latence ».

De plus, il y a toujours des dépenses imprévisibles nécessaires au développement de l'entreprise ou plutôt des sorties de trésorerie qui ne tombent pas au moment prévu. C'est d'autant plus le cas dans le cadre d'une entreprise de cosmétiques, où nous devons gérer de gros stocks, immobilisés pour plusieurs mois, avec les grosses sorties de trésorerie qui y sont associées. C'est pourquoi, au lieu de lever de l'argent uniquement quand vous en avez besoin, je vous incite à prévoir une réserve d'argent facilement disponible et de lever beaucoup plus que nécessaire en une seule fois. L'idéal étant, selon moi, d'avoir d'un côté un plan financier prévisionnel que vous utiliserez pour lever des fonds, et de l'autre une seconde version, plus réaliste, que vous gardez pour vous et où vous calculez les sommes d'argent à mettre en réserve pour les dépenses et développements imprévus.

Pierre de Waha, Investment manager au sein de Nivel Invest, complète mes propos sur ce point :

> *Il faut bien choisir les investisseurs à qui on souhaite s'adresser, car le processus de levée de fonds est généralement long et chronophage. Ce choix doit se faire selon le stade de maturité de l'entreprise, des moyens financiers recherchés et de l'adéquation entre la philosophie d'investissement de l'investisseur et du(des) porteur(s) de projet.*
>
> *L'entrepreneur doit aussi être clair sur les motivations et les raisons de sa levée de fonds : ce sont les questions du combien, du pourquoi et du comment.*
>
> *Il doit bien évaluer son besoin de financement et son éventuel phasage dans le temps : un investisseur souhaite toujours avoir une vue claire sur les engagements financiers que va requérir le projet en fonction de son évolution. Le business plan doit donc être solide : si l'investisseur marque un intérêt pour votre projet, ce document sera le point de départ de*

vos discussions avec lui. Au préalable, il vaut mieux le faire valider par votre entourage, par des cellules d'accompagnement ou des experts du secteur.

3. Bien s'entourer

Pour faciliter le développement d'une entreprise, s'entourer de personnes impliquées et efficaces est extrêmement important. Mon premier conseil est de bien choisir son équipe. Mais cela va plus loin que cela : il faut aussi sélectionner avec soin ses fournisseurs, ses producteurs et, de manière générale, tous ses partenaires extérieurs.

Choisir ses collègues

Il faut prendre le temps de recruter, ce qui est parfois très compliqué. Souvent, quand nous n'avons pas le temps, nous avons tendance à nous fier à notre instinct. Personnellement, j'ai eu beaucoup de difficultés à trouver des gens qui correspondaient à mes attentes en termes de compétences, d'implication et de culture d'entreprise. Le meilleur conseil que je puisse vous donner à ce sujet est de toujours vérifier les références des candidats et d'impliquer vos collègues actuels dans le recrutement et la décision finale.

Par ailleurs, s'il faut prendre du temps pour recruter, il est vrai qu'il faut aussi ne pas trop tarder à se séparer d'une personne qui ne correspond pas aux valeurs et aux attentes de votre entreprise. Il ne faut jamais oublier que c'est l'équipe qui fait le projet et l'entreprise. Vos collaborateurs doivent être votre meilleure publicité. Certaines personnes, bien que très compétentes, peuvent tout simplement être en inadéquation avec les valeurs d'une entreprise.

Enfin, pour bien vous entourer, il est important de bien vous connaître et de savoir où sont vos forces et vos faiblesses, afin d'être consciente des domaines dans lesquels une aide est nécessaire. En particulier, je vous conseille de déléguer l'administratif, en externe ou en interne, pour vous concentrer sur les tâches à haute valeur ajoutée ou sur ce que personne ne fait aussi bien que vous. En ce qui me concerne, il s'agit de tout ce qui est relatif à notre stratégie d'entreprise, notre image, notre communication, l'initiation de nouveaux projets et, pour finir, de convaincre les investisseurs et les banques. Je me rends compte aujourd'hui que j'ai souvent perdu du temps à faire des tâches administratives que beaucoup de personnes réalisaient mieux que moi, avec plus de précision et d'implication. Laisser les autres personnes réaliser les tâches dans lesquelles j'étais moins à l'aise m'a permis de dégager du temps que je mets à profit dans les activités pour lesquelles j'ai une vraie valeur ajoutée.

Emilie Duchêne (Thea Jewelry) reconnaît, elle aussi, qu'elle aurait dû s'entourer dès le départ :

J'ai un profil intuitif et je n'ai pas cherché à m'entourer, à rencontrer des coachs dès le départ. Je ne me suis aperçue de certaines lacunes dans mon profil que plus tard, et j'ai alors cherché à les compléter.

Se connaître et se poser des questions sur ses compétences permet donc de recruter les personnes appropriées et de gagner du temps par la suite.

Choisir ses partenaires

On sous-estime souvent l'importance de ses partenaires extérieurs en se concentrant sur les métiers que nous gérons en interne. Pourtant, la portée de votre entreprise est souvent plus large que vous ne le pensez. Celle-ci pourrait même créer plus d'emplois au travers de la sous-traitance et des partenariats qu'au travers de vos recrutements directs.

Bien choisir ses partenaires est donc tout aussi important que la sélection de ses collaborateurs internes. Dans mon entreprise de cosmétique, je travaille avec une Entreprise de Travail Adapté (ETA, c'est-à-dire une entreprise qui soutient l'insertion professionnelle des personnes handicapées) pour tout ce qui concerne la production et la manutention logistique. Outre le soutien apporté à ces travailleurs et le côté humain de ce type d'entreprise, notre coopération me permet de bénéficier, pour tous les frais liés à leurs services, d'un étalement des dettes sur douze mois. Ce soutien financier en fait un partenaire clé pour Bee Nature®.

Trouver des investisseurs de confiance

Il est également important de bien choisir ses investisseurs. Même si vous avez grandement besoin d'argent, ne laissez jamais entrer dans votre capital des gens dont vous n'êtes pas certain à 100 % de la valeur ajoutée. Renseignez-vous toujours auprès des autres entrepreneurs avec lesquels ils travaillent déjà. Il existe beaucoup de cercles d'investisseurs devant lesquels vous pouvez aller présenter votre projet et le défendre, voire le vendre, pour lever des fonds.

Aujourd'hui, j'ai un conseil d'administration composé de six investisseurs-administrateurs, qui se réunit tous les trois mois pour suivre le développement et la stratégie de l'entreprise. Personnellement, j'ai opté pour des investisseurs provenant de mon réseau, de mon entourage et de ma famille, car en plus de m'apporter leurs compétences ou leur argent, ils m'apportent leur soutien avec bienveillance.

Ne vous laissez pas avoir par de beaux parleurs qui vous proposent quelques milliers d'euros contre un pourcentage important de vos parts. Pour garder votre motivation intacte, restez toujours actionnaire majoritaire même si, sur le plan financier, il vaut mieux à un moment donné avoir moins de parts d'une entreprise rentable que plus de parts dans une entreprise qui ne décolle pas.

Profiter des incubateurs

Les incubateurs sont des structures d'aide à la création d'entreprise, où des professionnels accompagnent les jeunes entrepreneurs dans le développement de leur projet. Il existe de nombreux incubateurs, privés ou publics, qui regroupent plusieurs petites entreprises afin de partager les coûts administratifs et de créer des synergies bénéfiques à tout le monde.

Sophie Neu du Centre d'Entreprises et d'Innovation (CEI) de Louvain-la-Neuve nous explique le rôle des incubateurs de manière plus complète :

> *Les incubateurs aident les jeunes entrepreneurs à établir une structure et à organiser les étapes du développement et/ou de la croissance de l'entreprise. C'est un guide, une communauté, surtout quand le porteur de projet est seul. Un incubateur sert à profiter du coaching individuel, à se former à différentes thématiques, à bénéficier d'un espace de travail professionnel et de salles de réunion. Il permet aussi de développer son réseau, en étant connecté à différentes entreprises et structures. Souvent, dans un incubateur, on challenge également son idée.*

Avec Bee Nature®, je n'ai pas ressenti la nécessité d'utiliser les services d'un incubateur, car j'avais déjà élaboré une grande partie de mon projet durant mon stage de fin d'études. Mais ce sont des outils géniaux pour débuter dès vos premières semaines avec les bonnes clés, être entourée, challengée et, surtout, rester motivée !

La force des réseaux

Bien s'entourer peut aussi passer par les réseaux et les cercles d'entrepreneurs. Pendant plusieurs années, j'ai fait partie de plusieurs d'entre eux et cela a beaucoup contribué à la visibilité de mon projet. Cela permet aussi de rencontrer des clients potentiels, des gens qui ont eux-mêmes un large réseau et qui peuvent vous aider pour le développement de votre entreprise, là où vous aurez des lacunes ou rencontrerez des difficultés.

J'ai pour ma part fréquenté des réseaux dédiés uniquement aux femmes ou aux jeunes entrepreneurs, mais aussi des réseaux d'affaires plus larges avec des membres de tous les âges et tous les sexes. Certains sont gratuits pour les jeunes entrepreneurs, d'autres sont payants. Chacun propose des activités différentes. Je vous conseille donc de prendre contact avec quelqu'un qui est dans le réseau que vous souhaitez rejoindre pour lui demander ce qu'il en pense avant de vous inscrire. C'est également intéressant de regarder le programme de ces réseaux afin de les comparer avec vos attentes et vos besoins.

Béa Ercolini, fondatrice du réseau d'affaires Beabee©, insiste sur tout ce qu'un réseau peut vous apporter :

Les avantages qu'un cercle apporte sont nombreux : gagner du temps, réseauter, trouver des solutions, muscler son estime de soi et ainsi favoriser son empowerment... Écouter des femmes inspirantes témoigner motive. C'est comme un feu de bois qui réunit et réchauffe tout le monde et on finit par créer de l'intelligence collaborative. Un cercle amène des prospects, des clients et des inspirations. C'est bien simple, il m'est arrivé de me rendre à un dîner Beabee®, avec trois problèmes en tête, qui étaient respectivement d'ordre technique, administratif et législatif. J'ai reçu trois cartes de visite et, dans la semaine, mes trois problèmes étaient résolus.

Pour résumer, un cercle ou un réseau peut être un accélérateur de solutions et vous apporter de nombreux gains de temps. Cependant, il est important d'estimer le temps que vous pourrez y consacrer, car être membre d'un réseau ne suffit pas. Il faut exploiter les ressources que le cercle a à vous offrir et vous rendre régulièrement aux activités organisées par et pour ses membres. Personnellement, depuis la naissance de mon fils aîné, je refuse les propositions d'adhésion à un réseau. Je sais que ce n'est plus une de mes priorités pour l'instant et que je n'ai pas le temps de m'y consacrer. Mais je sais aussi que cela reste important pour mon entreprise et que je devrai me (ré)intégrer dans ces cercles plus tard.

4. Viser toujours les 20/80

Tout au long de mes journées de travail, j'utilise le principe du 20/80. Ce fameux concept de Pareto est en quelque sorte devenu ma devise : je l'applique à tout, peut-être même parfois un peu trop !

Mais en quoi consiste ce concept exactement ? L'ancien directeur de Toyota Belgium® et du groupe Mestdagh, Éric

Deprins, aide aujourd'hui des entreprises à se restructurer. Il a accompagné le développement de Bee Nature® pendant plusieurs mois et définit ce principe de la manière suivante :

> *Selon le principe de Pareto, 20 % des efforts, des activités produites dans un domaine, engendrent généralement 80 % des résultats. Évidemment, ce sont ses statistiques. C'est une façon de dire qu'il faut bien gérer ses efforts pour avoir des résultats, en évitant le perfectionnisme exacerbé qui empêche d'être performant. C'est aussi un concept qui permet de prendre du recul et de bien allouer son énergie et ses ressources aux endroits où cela est nécessaire. Ce sont les derniers pourcentages qui vont demander le plus d'énergie et qui ne vont finalement rien vous rapporter. Cela ne veut pas dire qu'il ne faut pas être précis ni professionnel. Mais il faut être cohérent et la solution est souvent dans la juste mesure. C'est une question d'équilibre. Par exemple, dans un fichier Excel®, je regarde à la grosse louche les chiffres et je vois directement ceux qui ne collent pas, même si la personne y a passé beaucoup de temps, jusqu'à mettre deux chiffres après la virgule. Cela ne doit pas être une règle absolue non plus. Par exemple, la relecture d'un texte ou la réalisation d'une bonne recette doivent être accomplies à 100 %.*

Selon moi, être entrepreneur, c'est savoir prendre des décisions rapides et accepter qu'il faut souvent être dans le « suffisamment bon » et non dans le « parfait ». Par exemple, je préfère terminer un dossier atteint à 80 % en un mois plutôt que de la réaliser à 100 % en six mois. Concrètement, nous n'avons pas attendu que nos formules cosmétiques soient parfaites à 100 % pour les lancer sur le marché (sinon, nous ne les aurions jamais mises en vente). Nous les avons commercialisées quand les tests de satisfaction et les intentions d'achat étaient aux alentours de 90 %. Aujourd'hui, nous travaillons en formules ouvertes, ce qui signifie que nous les améliorons constamment sur base des retours des consommateurs.

Une autre application bien connue de ce concept est le principe selon lequel 20 % de votre temps de travail doit générer 80 % de vos revenus. À vous donc d'identifier votre valeur ajoutée et les fonctions et tâches qui vous rapportent le plus (financièrement, émotionnellement, sur le plan de l'apprentissage, etc.). L'important, ce n'est pas de travailler moins, mais mieux.

Aussi, je vous conseille de vous concentrer sur les 20 % des clients qui génèrent 80 % de vos commandes et de vos revenus. Même principe pour votre portefeuille de produits, si vous en avez un : 20 % de vos produits génèrent approximativement 80 % des ventes ; c'est donc sur ceux-là qu'il faut investir et communiquer davantage dans les médias.

J'ai l'avantage de ne pas être perfectionniste. C'est pour cela que je peux appliquer cette règle facilement. Mais c'est aussi un désavantage dans certains cas et c'est pour cette raison que je me suis entourée, dans le cadre de mon entreprise, de personnes qui sont perfectionnistes ou ont le sens du détail pour des tâches qui le nécessitent vraiment, telles que le respect de la législation, la formulation des produits cosmétiques, etc.

5. Se concentrer sur les gros acteurs

Quand vous créez un projet, même s'il répond avant tout à vos valeurs sociétales, éducatives ou environnementales, il ne faut pas perdre de vue que celui-ci doit générer de l'argent, car vous avez des employés et des factures à payer.

Dès lors, identifier les clients qui génèrent le plus de commandes ou de chiffre d'affaires, et qui aident donc votre entreprise à se développer, est primordial.

Quand j'ai lancé mon entreprise, je me suis concentrée dans un premier temps sur les petits clients indépendants, car c'est là que le processus de vente était le plus court, le plus rapide et aussi le plus facile. J'avais aussi adopté cette stratégie car elle correspondait à mes valeurs : soutenir les indépendants, les petits entrepreneurs et les entreprises familiales face aux gros acteurs du marché. Mais c'était une erreur ! Cette stratégie n'est ni payante ni viable sur le long terme, car on disperse son énergie. La pénétration des produits est rapide dans un point de vente particulier, mais elle est bien plus lente au niveau national, et cela demande beaucoup plus d'énergie et de temps. C'est aussi une stratégie plus coûteuse, car elle nécessite davantage de personnel. Par ailleurs, de par leur taille, les petits points de vente commandent en plus petites quantités et moins souvent.

Je pense que certaines d'entre vous seront confrontées au même problème que moi : vous créerez un produit ou un service en phase avec vos valeurs mais, tôt ou tard, pour le développer et pour créer plus d'emploi, pour augmenter la création de valeurs, la chaîne de production, etc., vous devrez penser plus grand et vous tourner vers les gros acteurs. C'est une des lois de l'entrepreneuriat : lorsque vous créez un projet, vous devez penser aussi à sa viabilité, et certaines concessions ou compromis sont indispensables.

6. Penser environnement et circuit court

Aujourd'hui, le devenir de la Terre est au centre de nos préoccupations. Que vous en soyez consciente depuis votre enfance ou non, personne ne peut aujourd'hui y échapper. Surtout si vous êtes maman ou que vous souhaitez le devenir : quelle Terre avez-vous envie de laisser à vos enfants ? Quel futur leur léguerons-nous ?

Personnellement, je remercie mes parents de m'avoir inculqué des valeurs environnementales depuis ma petite enfance. J'ai toujours considéré qu'il était normal de se préoccuper de la nature, mais je me rends compte que beaucoup de personnes ne pratiquent pas de façon systématique le recyclage ou encore le principe du « moins, mais mieux ». Selon moi, chacun doit investir pour le futur en protégeant l'environnement et en réduisant sa consommation générale. Suivre ces principes dans votre entreprise, au-delà des valeurs que cela vous permet de respecter, peut aussi participer au succès de vos produits. Ce qui plaît aujourd'hui et fonctionnera encore davantage demain, c'est un *business* sain qui répond à la demande actuelle des consommateurs. Ceux-ci souhaitent plus de traçabilité et de transparence par rapport aux produits qu'ils achètent.

Votre projet peut avoir une dimension environnementale très claire et visible. C'est le cas des entreprises qui récupèrent les déchets organiques de café pour produire des champignons, qui créent des potagers sur l'eau avec un système de récupération de celle-ci, qui proposent la location de moutons pour remplacer la tondeuse dans les espaces verts des entreprises, qui installent des ruches sur le toit des gros buildings, ou encore les entreprises qui, dans le domaine de la couture, s'engagent à faire de l'upcycling (réutilisation des déchets ou sous-produits pour créer un nouveau produit).

Votre société peut aussi avoir une dimension environnementale moins flagrante, invisible à première vue : l'ouverture d'un point de vente qui se concentrerait sur des créateurs européens, l'organisation de stages pour enfants à la ferme pour leur faire découvrir le potager, la création d'une application digitale qui permettrait de reverser ses intérêts bancaires à des associations éthiques, etc. Même si votre projet n'a pas à première vue une connotation environnementale évidente, il faut que cette idée soit pensée dès la mission de votre projet et vienne la compléter. À tout niveau, il me semble essentiel d'inclure l'environnement et le respect de la planète dans votre *business model*. Faites-le pour vous, pour vos enfants et pour vos clients.

Stéphanie Fellen, jeune maman et coach, aide les entreprises à réduire leur empreinte carbone et à rédiger leur charte d'écoresponsabilité :

> *Aujourd'hui, les entreprises n'ont plus le choix d'inclure ou non l'environnement au cœur de leur produit ou de leur service. De plus en plus d'entreprises me contactent à ce propos, et c'est la preuve qu'elles veulent se transformer. Les entreprises ont compris qu'elles devaient se transformer et inclure la responsabilité sociétale dans leur mission afin de conserver leurs clients et leurs financements. À l'heure actuelle, penser environnement, au-delà de favoriser la réduction de votre impact écologique, permet d'être plus compétitif. Une société ne peut pas être pérenne sans intégrer cette dimension environnementale. Désormais, même les fonds d'investissement veulent connaître l'impact* CO_2 *et la politique environnementale d'un projet avant de donner leur réponse. Ils privilégient les entreprises avec une politique écologique forte et un impact positif sur l'environnement.*

7. Penser digital

J'ai fait le choix, quand j'ai lancé mon entreprise et mes produits, de boycotter Internet pour préserver le réseau classique de distribution et ne pas concurrencer les points de vente physiques qui distribuaient mes produits. Malheureusement, c'était une erreur car Internet est une vitrine quasiment gratuite, qui offre de la publicité ciblée à faibles coûts et fournit des informations directes sur nos clients finaux. Aujourd'hui, beaucoup de *business* sont pensés entièrement et uniquement de façon digitale. Si c'était à refaire, je n'hésiterais pas à travailler de cette manière.

Voici les principaux avantages du digital quand on lance son entreprise :

- il offre la possibilité de garder toute la marge sur la vente d'un produit. Comme il n'y a pas d'autres intervenants sur la vente du produit, on maîtrise entièrement la marge. Si les ventes sont nombreuses, on génère rapidement plus de bénéfices ;
- il permet de limiter les coûts fixes de l'entreprise. Cela dépend bien évidemment du volume de commandes sur l'*e-shop* mais, pour commencer, vous n'aurez pas besoin de louer un gros entrepôt pour stocker les produits. Pas besoin non plus d'engager plusieurs personnes pour aller représenter vos produits ni d'acheter des voitures pour leur permettre de circuler sur votre territoire cible ;
- il vous permet de vous adapter rapidement aux évolutions du marché. Une entreprise qui repose sur un *business model* digital peut adapter rapidement un service ou un produit aux attentes des consom-

mateurs et utiliser le canal de communication ou le réseau social le plus adapté ;

- il permet une maîtrise complète de toute la communication ainsi que du discours au consommateur final. Vendre vous-même via votre *e-shop* vous permet de connaître vos clients, leur fréquence et leurs habitudes d'achat, mais aussi de maîtriser la façon dont vous le touchez, le discours auquel il se retrouve confronté et la communication qui en découle.

Emilie Duchêne (Thea Jewelry) confirme les avantages d'un projet basé exclusivement sur un *business model* en ligne :

> *Dans un* business *en ligne, il n'y a pas de commerciaux, pas de distributeur et on conserve toute la marge. Le seul outil nécessaire est un ordinateur. Il y a aussi beaucoup moins de frais quand on commence, et il n'est pas difficile d'apprendre à créer ou à gérer un site avec toutes les plateformes en ligne, les sites, les blogs et autres supports explicatifs. À l'inverse, la vente physique nécessite une gestion du personnel et des vendeurs, des ressources humaines... Tout cela prend beaucoup de temps et d'énergie. Aujourd'hui, les boîtes mail et les réseaux sociaux sont des fenêtres ouvertes sur le monde. On ne fait plus de publicité sur les abribus pour toucher sa cible. Je résumerais en disant que nous gagnons plus de visibilité sur le web et en dépensant moins. En effet, il est possible de tracer toutes ses dépenses en ligne et d'analyser ce qui fonctionne et ce qui ne fonctionne pas, afin de reproduire uniquement ce qui est efficace.*

Bien sûr, ce n'est pas aussi facile que cela en a l'air et demande la mise en place d'une excellente stratégie digitale et une communication transparente envers le consommateur. Il faut être capable de le toucher là où il est présent sur le web et au bon moment. Cela demande un gros budget marketing, mais, s'il est placé au bon endroit, cela peut permettre un excellent retour sur investissement.

8. Ne jamais lésiner sur la qualité et investir là où cela en vaut la peine

Quand on a peu de budget pour lancer ou développer son entreprise, on a tendance à économiser sur tout et n'importe quoi. C'est certain, il faut mesurer les dépenses et y prêter la plus grande importance car, quand on lance un projet, chaque euro compte. Mais ce qui est encore plus primordial, c'est d'établir un budget, de vous y tenir et d'allouer les dépenses aux meilleurs endroits.

Dans mon entreprise, les plus grosses dépenses sont dédiées au personnel. J'essaie de m'entourer de personnes compétentes, avec un très bon potentiel. J'investis également en publicité et travaille avec une agence de presse très compétente. Après m'être renseignée chez de gros acteurs cosmétiques, j'ai mis de côté la publicité à la télévision, sur les abribus et sur les médias payants de manière générale, car les retombées sont bien trop faibles au regard de l'énorme budget investi. L'important est de se renseigner avant et de mesurer le ROI (*return on investment*, « retour sur investissement ») ensuite : combien ai-je dépensé et combien cela m'a-t-il rapporté ?

Toujours dans le même ordre d'idées, je vous conseille également de lancer votre produit ou service en phase de test auprès de quelques clients qui ne font pas partie de vos proches, afin d'avoir des premiers retours et des suggestions d'améliorations à y apporter. Cela vous permettra de cibler directement les éléments sur lesquels il faut investir en priorité.

9. Mettre des procédures en place, aussi petites soient-elles

Réparer des erreurs de livraison, de facturation, d'impression est, avec une série d'autres petits problèmes quotidiens, ce qui prend le plus de temps dans une PME. Quand on est tout seul, on sait ce qu'on a fait, ce qu'on a commandé, ce qu'on doit faire, etc., mais quand il y a une équipe et que les différentes fonctions sont interconnectées (la comptabilité avec la vente et la logistique, la vente avec le marketing et les achats, etc.), des erreurs de communication et de suivi ont forcément lieu.

Dès lors, il est très important de mettre des procédures en place, aussi petites soient-elles, en impliquant vos collaborateurs dans ce processus afin de limiter les erreurs, de gagner du temps, mais aussi pour que les responsabilités soient réparties et que chacun connaisse clairement sa fonction.

Pour ma part, j'ai eu beaucoup de difficultés à le faire ! J'ai d'abord eu tendance à en faire très peu, car je trouvais que l'on perdait énormément de temps dans le *reporting* et qu'on multipliait le nombre de fichiers Excel®. Mais j'ai compris que, en équipe, la communication et la mise en place de procédures étaient déterminantes, même dans une petite structure. Par exemple, il est bien plus compliqué de retrouver une commande passée il y a six mois par un gros client en cherchant dans tous les e-mails, plutôt que de regarder dans un fichier Excel qui reprend toutes les commandes par client.

Chez Bee Nature®, les procédures sont très variées. Nous avons documenté les activités essentielles (comment gérer une commande, comment gérer le stock, comment envoyer une commande via l'e-shop, etc.), mais nous avons aussi défini de petites choses qui concernaient notre vie d'équipe : qui est responsable du rangement du stock ? Qui est responsable de la propreté de la cuisine, du nettoyage des torchons ou du rangement du frigo ? Et même qui se charge d'acheter du café ! Cela peut sembler être un détail mais, si vous ne le définissez pas, c'est coûteux pour l'entreprise d'envoyer quelqu'un acheter du café au pied levé avant de recevoir ses investisseurs au bureau. Les procédures, pour moi, cela signifie souvent perdre un peu de temps au jour le jour pour pouvoir en gagner énormément en cas de problèmes ultérieurs.

Pour Laetitia Lange (Monica Jane Beauty), la mise en place de procédures rime avec responsabilité :

Quand il n'y a pas de responsabilité établie pour une tâche, il n'y a pas de responsable en cas de problème et c'est impossible de déléguer. Récemment, nous avons divisé les tâches du quotidien dans notre boudoir. Avant, personne n'était responsabilisé et tout le monde attendait que la demande vienne d'en haut. J'ai divisé le boudoir en cinq et chacune est responsable d'une zone. S'il y a un manquement, c'est à la responsable de pallier, de régler celui-ci. Cela ne veut pas dire que chacune doit tout faire dans sa zone, mais elle doit veiller à ce que cela soit fait. C'est le point de contact, c'est elle qui passe le message au reste de l'équipe. S'il y a un problème, elle se fait porte-parole. Dans notre entreprise, il y a donc cinq responsables : une pour la pièce avant (clientes, propreté et image), une pour la pièce arrière (logistique, lave-vaisselle, poubelles), une pour la caisse (mise en ordre tous les soirs, calculs, gestion du terminal de paiement), une pour le stock (vérification du stock bureau et produits) et une pour la clientèle (qui prend les messages qui doivent me revenir et vérifie l'agenda). La responsable stock et la responsable clientèle doivent bien communiquer, car s'il y a un soin spécifique demandé par une cliente, il faut s'assurer que le produit est disponible. Le dialogue est la clé de notre réussite et, grâce à cela, l'équipe est heureuse de travailler ici.

10. Voir grand et rêver grand

En réalité, ce conseil ne vient pas de moi mais de mon mari. Depuis le début, il m'a encouragée à rêver grand pour oser frapper aux portes, oser développer de nouvelles idées, gravir les marches et arriver au plus près de mes objectifs. Il est certain que la montée se fait marche par marche, étape par étape, mais n'ayez pas peur de rêver grand. J'ai lu il n'y a pas longtemps cette phrase qui m'a fait sourire : « Il faut viser la lune pour atterrir dans les étoiles. » Alors, voyez grand !

Partie 3

GÉRER SA VIE D'ENTREPRENEURE ET DE MAMAN

Cette dernière partie s'adresse à toutes les mamans entrepreneures. Il rassemble mes conseils pratiques pour vous aider à mieux gérer vie privée et vie professionnelle.

1.

L'organisation : la clé du succès personnel

L'organisation est la clé du succès et de l'équilibre entre son épanouissement personnel, sa vie privée et sa vie professionnelle. Avec de l'organisation et de la créativité, tout est possible ! Même écrire un livre en ayant trois enfants de moins de 3 ans à la maison, un travail à temps plein et en étant une adepte du sport !

C'est quoi l'organisation ?

L'organisation est une compétence qui vous permet d'être plus efficace et clairvoyante dans les différents domaines de votre vie. En entreprise, l'organisation est la clé du succès et du développement. Chaque département doit être analysé, scruté au peigne fin afin d'être amélioré. C'est l'organisation qui permet à une entreprise d'être plus efficiente, plus rentable et de se développer. C'est pareil pour vous, jeunes mamans (futures) entrepreneures ou entrepreneures bientôt mamans : vous devez analyser toutes vos tâches, vos missions, séparer celles qui concernent votre vie privée de celles liées à votre vie professionnelle et analyser celles qui peuvent être améliorées, déléguées ou supprimées.

Quelques conseils pratiques pour s'organiser

Pour certaines femmes, comme Marie, l'organisation va de soi : « *J'ai l'impression qu'être organisée, prévoir les choses à l'avance, me permet de gagner du temps.* »

Chez moi aussi, l'organisation me semble une compétence innée : je la vois comme un jeu et j'adore tout ce qui est lié à la gestion de mon temps et à la planification. Mélanie Dewulf (agence Top secret), insiste, elle aussi, sur l'importance de l'organisation :

> *En tant que mamans, nous avons beaucoup d'intuitions sur la manière de nous occuper de nos enfants. Si j'ai réussi à allier vie de maman et vie d'entrepreneure, je pense que c'est aussi parce que je suis organisée. Cela signifie notamment que je suis capable de mettre mes priorités dans le bon ordre. L'organisation évite de perdre du temps et augmente indirectement la rentabilité. J'ai toujours eu un grand sens de la proactivité de l'organisation, et une très bonne intuition. Quand tu as ces trois éléments, tu peux franchir des montagnes. Je n'ai jamais été stressée par l'agencement de mes diverses activités, car je fais en sorte que mon organisation me permette d'avoir de l'oxygène, des moments de détente, et ça, ça permet de ne pas se sentir submergé. Sinon, on est toujours en retard partout.*

L'organisation est quelque chose de très personnel. Si vous n'êtes pas de nature très organisée, vous pouvez apprendre à l'être petit à petit. De toute manière, votre organisation ne sera pas celle de votre amie ou de votre collègue. Pour que cela fonctionne, elle doit vous être propre et être adaptée à votre style de vie et à votre caractère. Néanmoins, certaines astuces et certains conseils pratiques peuvent être échangés. Appelons-les les *best practices* des jeunes mamans et/ou entrepreneures. Il s'agit d'outils pratiques que j'applique au quotidien. Certains vous sembleront peut-être inadaptés à votre mode de vie ou d'autres, au contraire, feront déjà partie intégrante de votre routine. J'espère tout de même que ces quelques idées vous aideront à être plus efficace et à gérer au mieux votre temps. Testez et vous déciderez ensuite !

Visualiser sa semaine et l'écrire

Il n'y a pas de journée type dans le métier d'entrepreneure, elles sont toutes différentes ! Il est donc d'autant plus important de bien organiser son temps et, lors de chaque fin de week-end, de se préparer mentalement à la semaine qui arrive.

Tous les dimanches soir, je prends quelques minutes pour visualiser ma semaine et la planifier. Ainsi, je ne cours pas dans tous les sens une fois la semaine entamée et je répartis les tâches urgentes sur plusieurs jours, là où j'ai la possibilité de les intercaler. J'anticipe et me prépare déjà aux jours à venir. Cette méthode me permet de ne rien oublier et de me rassurer en même temps.

Mélanie Dewulf (agence Top secret) fonctionne de manière similaire :

> *Je prévois un temps le dimanche pour envisager la semaine à venir et je la connais ensuite sur le bout des doigts. Ma semaine doit rouler, donc j'anticipe. Mon meilleur outil pour m'aider dans ces prévisions, c'est mon agenda digital dans lequel je note tout, que ce soit privé ou professionnel.*

On reste également dans le digital pour Emilie Duchêne (Thea Jewelry) :

Je suis très bien organisée et mes journées sont fort remplies. Tout est digital chez moi. J'utilise l'application Slack® avec tous mes employés et collaborateurs. De cette manière, tout est centralisé. J'essaie de garder WhatsApp® uniquement pour la sphère privée.

Pour ma part, je suis une adepte de l'agenda papier. Pendant quelques mois, je l'ai mis de côté pour utiliser un agenda digital, mais je suis revenue ensuite à une version papier, dans mon cas le Filofax®. Cette tentative de passer au digital m'a permis de me rendre compte que j'avais besoin d'écrire à la main pour mieux planifier et visualiser ma semaine. D'ailleurs, une fois une tâche écrite, je ne l'oublie plus, car la mettre sur le papier me permet de la mémoriser.

Emmanuelle Servais préfère, elle aussi, utiliser un agenda papier :

J'utilise un agenda papier car cela me permet de le gérer moi-même ou quasiment, car certains rendez-vous sont pris au bureau.

Peu importe l'agenda, planifiez !

Faire ses courses en ligne

Aujourd'hui, la plupart des grandes surfaces permettent de faire ses courses en ligne et même de se faire livrer ! Je dois dire que ce service a changé ma vie. Cela demande beaucoup de temps la première fois, mais vous gagnerez ensuite plusieurs heures par semaine. Au final, votre liste de courses sera rodée. Avant de partir en vacances à l'étranger, vous pourrez même planifier une livraison pour le jour de votre retour. Marie confirme l'avantage de cette pratique :

> *Nous prévoyons les menus pour les deux semaines à venir et faisons ensuite nos courses en ligne. De cette manière, nous savons que nous avons dans le frigo de quoi faire plusieurs repas, et cela nous permet de gagner beaucoup de temps.*

Certaines mamans planifient également les menus de la semaine, ce qui offre un réel gain de temps. D'autres mamans opteront pour la préparation de panades, de soupes et de certains repas en plus grande quantité afin d'en congeler une partie… Chez nous, par exemple, il y a toujours du pain au congélateur pour ne pas tomber à court, ainsi que des légumes bio surgelés pour préparer en dernière minute une soupe aux légumes.

Si vous êtes à court d'idées, vous avez également la possibilité de faire appel à des « boîtes repas » livrées à votre domicile, avec des idées de recettes saines intégrées dans le service.

Rapprocher son lieu de travail de son domicile

Il m'a fallu du temps pour le comprendre, mais le confort de vie que l'on gagne quand on rapproche son lieu de travail de son domicile est, selon moi, inestimable. Tout le monde est gagnant lorsque l'on prend cette décision : l'entreprise, les enfants et soi-même. On peut même rentrer chez soi pendant le temps de midi ou intercaler une course ou une heure de sport entre deux rendez-vous.

Emmanuelle Servais conseille d'ailleurs de séparer son domicile de son lieu de travail :

C'est important, selon moi, de ne pas faire de son domicile un second bureau, mais bien de presque faire de son bureau sa deuxième maison. Je me sens comme chez moi quand je suis au bureau : mon cadre de travail est convivial ; j'aime donc y aller. Je conseille aussi de limiter les kilomètres entre votre lieu de vie et votre lieu de travail, afin de passer le moins de temps possible dans les trajets et de gagner du temps (ce qui vous permettra de passer plus de temps au travail ou avec vos enfants, d'avoir le temps de faire les courses...).

Le télétravail est une autre option qui peut également faire gagner pas mal de temps sur votre journée, vous permettre d'être plus concentrée, moins stressée entre tous les rendez-vous et d'avancer dans votre *to-do list* personnelle (machines à laver, lave-vaisselle, rangement). Malgré tout le confort qu'il permet, ne négligez pas l'importance des interactions humaines avec vos employés : il est important d'être disponible pour eux et de prévoir régulièrement du temps en face-à-face.

Ranger la maison avant de partir au travail

Essayez de quitter la maison, le matin, après l'avoir (presque) rangée. Quand vous rentrerez le soir, vous vous sentirez plus détendue et moins stressée. Avec mon mari, nous rangeons la table du petit-déjeuner quand nos enfants jouent ou se brossent les dents en bas (et non à l'étage, pour gagner du temps également !). Nous prenons également toujours deux minutes pour tout remettre à sa place une fois que les enfants sont attachés dans la voiture.

Si ce n'est pas possible pour vous, apprenez à lever le pied à ce niveau-là et à ne pas faire du rangement quotidien une de vos priorités.

Se faire aider pour le linge et le ménage

Si vous pouvez vous le permettre, essayez de dégager un budget pour déposer votre linge chez quelqu'un qui peut faire le repassage pour vous. Dans le même ordre d'idée, investissez dans un sèche-linge. Sans cela, avec des tout-petits et un travail à temps plein, vous risquez de ne pas vous en sortir.

Essayez aussi de libérer un budget pour vous faire aider une à deux fois par semaine dans le ménage. Cela vous permettra de mettre ce temps-là à profit dans une autre tâche que vous jugez plus importante.

Avoir suffisamment de tout pour ne pas tomber à court

Prévoir des réserves pour les éléments basiques de votre vie quotidienne vous évitera de stresser dans un moment où il faut aller vite : cela vaut autant pour la vaisselle (avoir assez de biberons en stock et de tétines) que pour les vêtements (avoir assez de paires de chaussettes, de sous-vêtements pour ses enfants, de draps de lit et de serviettes de bain) ou encore l'alimentation (ayez toujours des denrées +/– non périssables, des produits congelés, etc.). Cela vous permettra d'éviter de nombreux problèmes en cas de besoin de dernière minute.

Dans l'idée de bien préparer votre semaine, je vous conseille de prévoir chaque week-end suffisamment de vêtements pour tenir les cinq jours de la semaine, pour éviter de faire des lessives tous les jours (et de perdre du temps le matin à chercher les paires de chaussettes de vos enfants!). N'hésitez pas, non plus, à prévoir les tenues de chacun la veille au soir.

Libérer sa charge mentale

La charge mentale désigne la charge cognitive engendrée par la gestion de votre foyer et de votre travail. En très bref, elle consiste en la somme de toutes les tâches que vous devez garder à l'esprit. Sans une bonne organisation, ces responsabilités sans cesse présentes dans votre esprit peuvent vite paraître encombrantes et épuisantes. Comment, dès lors, ne pas se laisser submerger?

En tant qu'entrepreneure, la charge mentale est permanente. Sur le long terme, elle peut nuire à notre sommeil, nous empêcher de profiter de l'instant présent et, à terme, nuire à notre santé. Il est donc essentiel de mettre en place des outils qui vous permettent de vous libérer de cette charge avant qu'elle ne devienne trop imposante.

Je suis moi-même passée par beaucoup de stades différents de surcharge mentale ces huit dernières années et le plus compliqué pour moi a été cette culpabilité constante que j'éprouvais lorsque je n'arrivais pas à atteindre l'équilibre souhaité entre ma vie privée et ma vie professionnelle. Je ne suis pas psychologue, mais je vais essayer de partager avec vous quelques pistes qui m'aident au quotidien.

Un carnet pour vider sa tête

Personnellement, j'emporte partout avec moi un petit carnet où je note toutes les choses que j'ai à faire et mes différents objectifs, y compris les moments que je me réserve pour me ressourcer. Je vais maintenant vous présenter les différentes listes que j'ai l'habitude d'utiliser et de compléter au jour le jour. Libre à vous de vous en inspirer et d'en créer d'autres.

La première étape consiste à prendre un carnet et d'écrire, sur la première page, votre *to-do list* professionnelle. À la page suivante, débutez votre *to-do list* privée.

À la troisième page, notez les moments que vous souhaitez vous accorder : luncher avec une copine une fois par semaine, faire trois heures de sport par semaine, aller au cinéma avec votre chéri.e une fois par trimestre, partir en week-end une fois par an avec des copines et une seconde fois avec son partenaire, aller chez le coiffeur tous les trois mois, faire une séance de shopping par an, etc. Mettre tout cela par écrit permettra de les ancrer plus facilement dans votre agenda.

À la quatrième page, écrivez vos objectifs de vie généraux : trouver un bon équilibre entre vie privée et professionnelle, être disponible pour mes enfants et chéri.e, m'occuper de mon chien, cesser de culpabiliser sans cesse et assumer mes actes, ne pas éprouver de colère, trouver du temps pour moi, être efficace et lucide au travail, etc. Peu importe vos objectifs de vie ou vos bonnes résolutions, tant qu'ils viennent de votre cœur, ils seront les bons ! Toutefois, n'oubliez pas que vos objectifs doivent venir de vous et ne peuvent être atteints que par vous. Vous ne devez pas attendre que quelqu'un d'autre vous les dicte, au risque de les voir mal formulés.

Gardez ce carnet avec vous tous les jours et adaptez les listes aussi souvent que nécessaire. Plusieurs fois par an ou par jour, selon le type de listes, relisez-les. Vous verrez que, sans vous en rendre compte, plusieurs éléments de la liste auront été effectués et vous pourrez alors les marquer comme étant accomplis ou terminés. Pour Marie, ce type de petit carnet fait aussi partie de son quotidien :

J'écris dans un carnet quand je me sens bien ou au contraire quand ça ne va pas, et j'y écris aussi des listes de to-do. C'est un carnet qui me sert à tout. Rien que le fait d'écrire quelque chose me libère l'esprit, que ce soit pour des détails futiles ou des questions plus importantes comme le sens de ma vie.

Une bonne gestion des mails

Pour ne pas laisser son travail trop empiéter sur sa vie privée, il est important de ne pas se laisser dépasser par ses mails. Même s'il faut, en tant qu'entrepreneure, rester disponible pour ses employés, il est aussi important d'apprendre à se détacher du travail lors des moments en famille et de profiter de moments de déconnexion totale. Il s'agit d'un apprentissage difficile mais nécessaire.

Emmanuelle Servais insiste, elle aussi, sur ce point :

J'essaie de ne pas lire mes e-mails tout le temps. J'évite aussi de les vérifier le soir. De plus, je ne m'oblige pas à répondre à tout le monde tout de suite. Je fais une liste des e-mails auxquels je dois répondre rapidement, une liste de personnes que je dois rappeler et je me concentre sur les plus urgents.

Pour ma part, j'essaie de ne pas lire mes mails quand je suis avec mes enfants et de limiter cette activité à deux ou trois moments spécifiques de la journée. Pour ne pas oublier d'en traiter, je laisse simplement les e-mails qui nécessitent une réponse de ma part en mode « non lu ». Si un e-mail me demande une validation qui ne prend que quelques secondes, je le fais immédiatement. Si c'est un mail de suivi où je suis mentionnée en copie (et qui ne m'est donc pas directement destiné), je le lis et n'exécute pas d'autres actions. Il m'arrive également de programmer un envoi d'e-mail (la plupart des messageries disposent de cette fonctionnalité) afin de ne pas oublier de l'envoyer ultérieurement.

Tout ce qui prend moins de deux minutes à faire doit être fait sur-le-champ

J'ai lu dans un livre dédié à l'organisation l'idée qu'il fallait immédiatement faire ce qui peut être fait en moins de deux minutes. Ce conseil s'adapte aussi bien au privé qu'au professionnel : il peut s'agir de faire tourner la machine à lessiver et le lave-vaisselle avant de quitter la maison le matin, de répondre à un e-mail qui demande juste une validation rapide, d'écrire une tâche sur ma *to-do list* pour décharger mon cerveau, etc.

Profiter de l'instant T

Le bonheur se mesure dans l'instant présent. Avec une entreprise et une famille à gérer, on peut se sentir vite fatiguée et ne plus profiter des instants magiques qui nous entourent. Pourtant, le bonheur, c'est la vie, c'est le présent ! Il est partout autour de vous : les éclats de rires de vos enfants, l'oiseau qui chante, l'accueil de votre chien quand vous rentrez du travail, le premier bisou de votre bébé, etc. Pour profiter de l'instant T, je vais vous partager plusieurs conseils que j'applique moi-même depuis plusieurs mois.

Redonner aux choses leur juste place et relativiser

Bien sûr, nous vivons dans une société où il y a des règles à respecter et, si chacun fonctionnait selon ses propres règles, on ne s'en sortirait pas. Mais est-ce si grave de déposer son enfant trois minutes en retard à l'école ? Cela vaut-il la peine de se stresser, de le stresser, et de stresser tout le monde pour trois petites minutes dans une vie ? De même, est-ce si grave de déplacer une réunion pour travailler depuis la maison et ainsi pouvoir rester avec son enfant qui est malade ? Est-ce si grave de rouler doucement sur la route et de regarder le paysage même si vous n'êtes pas à l'avance ?

Les effets négatifs du stress à long terme sont bien trop importants sur l'enfant tout comme sur vous et c'est pourquoi je vous conseille de relativiser certains problèmes de votre quotidien. Je n'ai pas d'astuce particulière à vous communiquer pour y parvenir, mais l'important est de prendre du recul et de vous demander si tel ou tel tracas est vraiment important. Cela changera-t-il votre vie ou la vie de quelqu'un d'autre ? N'y a-t-il pas d'alternatives créatives ?

Mélanie Dewulf (agence Top Secret) confirme :

J'ai pris du recul face aux événements que je considérais comme des urgences, car beaucoup peuvent en réalité attendre. J'ai appris à mieux prioriser mes tâches : répondre à un e-mail à 22 heures est vraiment nécessaire ?

Hiérarchiser vos priorités

Quelqu'un m'a dit un jour : « Il faut choisir ses batailles. » En effet, on ne peut pas être parfaite et se battre sur tous les fronts en même temps. Comme l'a dit Mélanie, relativiser signifie aussi accepter de donner la priorité à certaines tâches plutôt qu'à d'autres. Elle précise également: «*J'ai dû apprendre à recentrer mes idées et choisir mes batailles, sinon on peut vite se noyer.*» L'important est de définir ce qui est le plus important pour nous ou pour la bonne conduite de l'entreprise et de déléguer le reste en y accordant moins d'attention. Surtout, il faut accepter de ne pas tout faire parfaitement!

Afin d'identifier ce qui est prioritaire, vous pouvez utiliser différents critères: cette tâche-ci est-elle plus rentable que celle-là? Quelle est la deadline de cette tâche par rapport à une autre? Quel temps cette tâche va-t-elle prendre? Me restera-t-il assez de temps pour les autres tâches?

Apprendre à dire non

Apprendre à dire non vous permettra de ne plus être dans le devoir («je dois le faire») et de ne pas tout accepter. En effet, dégager du temps pour soi ou pour sa famille et hiérarchiser ses priorités, c'est aussi renoncer à certaines propositions ou décliner des demandes. Cela peut signifier que vous allez dire non à une augmentation salariale (car le poste que l'on vous offre vous prendrait davantage de temps, de stress et d'énergie dans votre vie professionnelle), non à un dîner avec des connaissances (alors que vous n'avez pas vu vos meilleurs amis depuis six mois ou que vous n'avez pas pu prendre de temps pour vous depuis plusieurs semaines), ou encore non à la visite de votre grand-tante (qui veut venir voir vos enfants et qui reste toujours des heures!).

Dire non ne veut pas dire être impolie ou irrespectueuse envers ses employés, ses amis ou sa famille. À vous d'utiliser les bons mots pour refuser et de trouver l'équilibre entre politesse et respect de vous-même.

Faire une seule chose à la fois

Ce conseil-ci est difficile à suivre pour moi, car j'ai l'habitude de faire plusieurs choses à la fois. Je ne l'ai pas souvent appliqué dans le passé, mais j'apprends aujourd'hui à voir et à déguster la valeur des moments consacrés, de temps en temps, à une seule chose à la fois.

Cela peut tenir à des petites choses. Quand vous rentrez avec vos enfants à la maison après une longue journée de travail, par exemple, consacrez-leur quelques minutes. Arrêtez le temps juste pour eux (pour un long câlin, un jeu), avant de commencer tout ce que vous devez encore faire pendant la soirée. Ils auront eu toute votre attention pendant quelques minutes, seront contents et plus enclins à jouer seuls le temps que vous lanciez le repas et mettiez la table.

Faire une seule chose à la fois, c'est être pleinement disponible pour ce que vous faites. Vous envoyez alors le bon message et la bonne énergie aux personnes qui vous entourent. Par exemple, j'écris ce livre en m'y consacrant totalement ; je ne lis pas mes mails, je ne regarde pas mon téléphone portable et je n'écoute pas les informations à la radio.

À nouveau, ce conseil rejoint les points que nous avons cités plus haut : apprendre à relativiser l'urgence de certaines tâches et à les hiérarchiser vous aidera, ensuite, à vous discipliner afin de ne plus vous consacrer qu'à une chose à la fois. Votre travail n'en sera que plus qualitatif, tout comme les moments que vous passerez avec votre famille, vos amis et vous-même.

Profiter de son horaire flexible

Avoir un horaire fixe avec trois bébés est impossible pour moi. J'adapte mon horaire durant la semaine et je travaille souvent le soir et le week-end. Travailler avec des horaires flexibles est l'un des avantages de la vie d'entrepreneure. Alors, pourquoi ne pas en profiter ? Personnellement, cela me permet d'aller chercher mes enfants à l'école et à la crèche et de passer plus facilement du temps avec eux.

Mélanie Dewulf (agence Top secret) confirme :

Quand les enfants sont rentrés en primaire, notre organisation familiale a commencé à se corser. Je voulais être là pour eux, car c'était des moments importants. Je travaillais alors en flexitime, c'est-à-dire que je travaillais toujours un certain nombre d'heures, mais en adaptant mes horaires de travail selon les besoins de mes enfants. Ceux-ci n'ont jamais ressenti mon absence grâce à cela. Je travaille dans un domaine avec beaucoup d'événements, et je faisais en sorte d'être présente à chacun de ces événements, mais en arrivant plus tard. De cette manière, j'étais là aussi pour les moments importants en famille. Maintenant qu'ils sont plus grands, je travaille un maximum le matin et j'arrive le plus tôt possible au bureau. L'après-midi je suis flexible, je suis là pour mes enfants et pour les conduire à leurs différentes activités. Toutefois, je reste également connectée et disponible pour mes collègues. Je travaille toujours en temps plein, même si ma présence au bureau n'est plus la même qu'avant.

2.

Apprendre à prendre du temps pour soi

Beaucoup de jeunes mamans se sentent dépassées ou perdues face à leurs nouvelles responsabilités, mais cela peut être également le cas des entrepreneures au moment de la création de leur société. Souvent, ces femmes se sentent perdues dans leur nouvelle vie parce qu'elles n'ont pas écouté leurs souhaits, qu'elles ne sont plus en accord avec ce dont elles rêvaient ou qu'elles n'apprécient plus l'image qu'elles renvoient. Emilie Duchêne (Thea Jewelry) confirme qu'il n'est pas facile de prendre du temps pour soi lorsque l'on a de nombreuses responsabilités qui pèsent sur nous, tandis qu'Emmanuelle Servais explique qu'elle n'a jamais appris à prendre du temps pour elle :

Cela me manque. Je n'ai pas beaucoup de temps à consacrer uniquement à moi-même et je n'ai jamais vraiment pu soulager ma charge mentale. J'ai toujours été très stressée. Depuis peu, je commence à prendre plus de temps pour moi et à prendre du recul pour me préserver du stress.

Pourquoi prendre du temps pour soi ?

On dit toujours que si on est bien avec soi-même, on rayonne et on participe également au bien-être de toutes les personnes qui nous entourent. Je trouve ce raisonnement très juste. Personnellement, j'ai besoin de prendre du temps pour moi avant de passer du temps avec mes enfants pour me sentir pleinement dévouée à eux, pour être à 100 % attentive et présente avec eux, et surtout pour ne pas me sentir frustrée.

Je sais que ma vie de jeune maman tourne autour d'eux, et c'est précisément la raison pour laquelle j'ai besoin d'avoir des moments à moi pour me ressourcer : faire du sport pour me défouler (sinon je suis nerveuse et stressée), lire un livre ou être parfois seule avec mes pensées en me promenant avec mon chien. Je pars également deux fois par an en week-end avec mon mari ou avec des amies.

Si on prend du temps pour soi, on est davantage disponible pour les autres, calme, empathique et à l'écoute. Il est donc essentiel de prendre du temps pour vous, car tout le monde y gagnera et il n'y a dès lors aucune raison de culpabiliser à ce propos.

Mélanie Dewulf (agence Top Secret) nous explique d'ailleurs qu'elle s'est toujours dit que ses enfants étaient sa priorité avant de réaliser qu'il était nécessaire, aussi, de penser à elle :

> *Entre les 7 et 10 ans de ma fille aînée, j'avais beaucoup de choses à gérer et je suis passée par une période difficile. Je me disais sans cesse qu'il fallait que je prenne du temps pour moi, j'ai donc repris le sport. Aujourd'hui, je fais du Pilates, je prends du temps avec mon mari, on organise deux fois par an un week-end en amoureux et je fais aussi deux fois par an un week-end avec des copines. C'est devenu une obligation, qui me permet de souffler, de me libérer l'esprit, de me recentrer et de trouver un équilibre. C'est la clé du succès selon moi : trouver l'équilibre avec son mari ou sa femme, ses enfants et son boulot. Il est certain qu'à des moments parti-*

culiers, on privilégiera l'un ou l'autre. Mais l'équilibre, sur du long terme, est très important.

En conclusion, il est important de dégager du temps pour soi pour ne pas se perdre, constater la manière dont on mûrit, on grandit, on évolue. Ce temps est aussi nécessaire pour rester connectée à nos valeurs, à notre éthique et à notre identité. C'est important d'être bien avec soi-même, d'exister pour soi et de se faire plaisir. Prendre du temps pour vous vous permettra aussi d'être plus concentrée et plus efficace au travail.

Comment se reposer et se ressourcer ?

Chacune doit trouver ce qui lui permet de se reposer, ce qui la ressource et évaluer le temps dont elle dispose ou souhaite s'accorder pour se sentir bien. Il peut s'agir de quelques minutes par jour, quelques heures par semaine, un jour par mois ou encore un week-end par an.

Nous sommes toutes différentes et vous devez trouver ce qui recharge vos batteries. Est-ce la sieste en famille du dimanche ? Ou préférez-vous lire le dernier roman de l'été, vous promener avec votre chien, faire un spa avec votre maman, aller au cinéma avec votre compagnon ou votre compagne, trier la maison et les vêtements trop petits de vos enfants, faire du sport, luncher avec un.e ami.e ? Notez dans votre petit cahier les moments que vous souhaiteriez vous accorder et planifiez-les !

Après le réconfort, l'effort vient tout seul. Vous serez plus précise, concentrée, motivée et efficace dans tous les aspects de votre vie. Emmanuelle Servais partage quelques petites astuces pour se détacher du stress professionnel et se ressourcer :

Mon truc à moi pour laisser mon stress au bureau, et que je fais depuis toujours, c'est de me créer un petit cocon quand je rentre chez moi. J'ai mes petits rituels : je ferme les tentures, j'allume des petites lampes, des bougies, et ensuite je prépare ma journée du lendemain.

Emilie Duchêne (Thea Jewelry) raconte, elle, qu'elle prend du temps pour se ressourcer principalement pendant la semaine :

J'essaie d'avoir une vie sociale la semaine pour me consacrer à mes enfants le week-end, mais je me limite maximum à deux sorties par semaine. Le reste du temps, je m'effondre à 22 heures, le sommeil est la grande clé pour moi. Outre les deux sorties, je m'octroie pas mal de moments pour moi la semaine : un cours de sport, un massage, un soin... Une fois par mois, je prends toute une journée off. Je reste chez moi ou je fais quelque chose qui me fait plaisir. Trois fois par an, nous faisons un week-end en couple. Très important ! Et les week-ends entre amies, c'est deux fois par an.

Au début, la culpabilité peut être difficile à vaincre. Cela a été le cas pour moi, même si je sais que je laisse toujours mes enfants entre de bonnes mains (celles de mon mari et de leurs grands-parents). Aujourd'hui, j'ai pris l'habitude de tout organiser avant de partir et je me rends compte que, finalement, cela fait du bien à tout le monde : je montre à mes enfants qu'ils ont le droit de créer des liens avec d'autres personnes que moi ; ils passent de merveilleux moments en dehors de la maison et je profite de mon mari, de mes amies ou d'un moment rien que pour moi. En faisant cela, je montre aussi à mes enfants qu'ils existent en dehors de moi et pas uniquement pour moi.

Après avoir pris du temps pour vous, l'important est de ressentir ce que cela vous a apporté, que vous êtes heureuse de retrouver votre famille, pleinement disponible pour elle, et que vous êtes plus motivée et impliquée au travail.

3.

Chercher de l'aide et l'accepter

Votre famille est votre premier soutien

Bien que votre projet professionnel vous concerne, vous et votre bien-être, en premier lieu, il va influencer toute l'organisation de votre famille et très probablement le bien-être de celle-ci. C'est également vrai, bien sûr, dans le cas où vous souhaitez devenir maman.

Votre partenaire de vie et votre famille seront en effet les premiers à vivre ces changements à vos côtés. C'est pourquoi, une fois que vous aurez réfléchi au projet, que vous l'aurez laissé mûrir et que vous l'aurez challengé en étant sûre que c'est ce que vous souhaitez pour votre futur, vous devrez en discuter avec votre compagnon, votre compagne ou votre famille. Il se peut qu'ils soient très réceptifs à votre envie et qu'ils vous soutiennent dès le début ou, au contraire, qu'ils soient très rationnels, très peu entrepreneurs dans l'âme, que votre idée les angoisse et qu'ils imaginent déjà le pire.

Vous devrez vous montrer créatifs et envisager ensemble comment vous pourrez gérer le lancement de votre activité au mieux, aussi bien au niveau financier que sur le plan organisationnel. Vous devrez peut-être envisager de vendre une voiture ou de rapprocher votre lieu de vie d'une gare, de l'école ou de la crèche de vos enfants. Peut-être allez-vous décider de travailler quatre jours par semaine au début pour profiter de vos enfants, mais aussi pour ne pas payer une crèche à temps plein, etc. Soyez inventifs pour trouver une nouvelle organisation : il y a plus d'idées dans deux têtes que dans une ; réfléchissez donc avec vos proches aux solutions possibles.

Pour Emilie Duchêne (Thea Jewelry), la création de sa société a eu un impact très important sur sa vie familiale :

Pendant dix ans, on avait perçu deux salaires à la somme fixe, qui tombaient tous les mois. Pendant les deux premières années de Thea, cela a complètement changé, et mon mari m'a beaucoup soutenue. Aujourd'hui, avec du recul, je conseillerais peut-être aux femmes qui veulent se lancer de garder un emploi en parallèle. Ne pas tout lâcher du jour au lendemain, car c'est très compliqué.

Notre famille est souvent la source de notre énergie, notre inspiration et notre motivation. Faites part de vos souhaits en douceur et vous recevrez certainement beaucoup de soutien. En parallèle, n'ayez pas peur de dire précisément ce dont vous avez besoin et d'oser demander à vos parents, vos frères, vos sœurs, vos amis ce qui pourrait vous aider et ce que vous attendez d'eux.

Mélanie Dewulf (agence Top Secret) ajoute :

C'est très important d'avoir un.e partenaire qui te soutient pour ne pas recevoir de reproches. Il ne faut pas non plus que le.la partenaire soit frustré.e ou se sente sur le côté. L'entrepreneure qui est en train de se lancer aura en effet besoin de se sentir épaulée. Mon mari m'a toujours aidée et poussée à me réaliser, non seulement au niveau privé, mais aussi sur le plan professionnel.

Ce soutien, on peut aussi le trouver chez un parent, une sœur ou un frère... Que cela soit au quotidien ou de façon exceptionnelle, n'ayez pas peur de demander de l'aide : vous aurez tôt ou tard besoin d'une aide extérieure pour tout combiner et lâcher prise de temps en temps. S'entourer de sa famille est indispensable quand on lance son projet. Vous aurez besoin de soutien et d'aide pour tout gérer au mieux. Laetitia Lange (Monica Jane Beauty) témoigne :

Il faut être bien entourée. Quand je me suis lancée, c'était un rêve un peu fou. Si mon mari ne m'avait pas suivie, jamais je ne l'aurais fait. Il faut toujours être positif et c'est ce qu'il a fait : il m'a toujours soutenue. Mon mari ne m'a jamais reproché de ne pas ramener d'argent lorsque j'ai lancé ma société. C'est lui qui a pris financièrement en charge tout le ménage. Il m'a tellement soutenue et encouragée qu'aujourd'hui, c'est lui qui se lance et moi qui le soutiens.

Emmanuelle Servais explique, elle aussi, qu'elle a grandement bénéficié du soutien de son mari lors du lancement de l'entreprise :

Quand mes enfants étaient jeunes, je quittais la maison à 6 heures du matin, car j'avais ma pharmacie au centre de Bruxelles. Je travaillais au comptoir jusque 15 heures et j'avais ensuite le relais d'un autre pharmacien qui terminait la journée et faisait la fermeture à 19 heures. Quand j'ai eu mon troisième enfant, j'étais dans un nouveau projet : l'entreprise avait grandi, je ne travaillais plus derrière un comptoir, mais au bureau. Je partais tôt, l'après-midi, pour aller chercher mes enfants à l'école. Avec mon mari, on s'occupait beaucoup de nos enfants, mais on travaillait aussi énormément. On s'aidait parfois de baby-sitters et de femmes de ménage, mais on n'avait pas beaucoup d'argent donc on ne pouvait pas faire ce qu'on voulait. Du coup, on s'organisait; moi je me levais à 5 h 30 et je partais tôt, mais je m'occupais des enfants l'après-midi. Mon mari, lui, se levait et rentrait plus tard. On faisait une bonne équipe. J'avais son soutien et son aide dans le projet, où il gérait la partie financière.

Chercher de l'aide en dehors de la famille

D'autres aides existent en dehors de la famille. Vous pouvez peut-être compter sur une personne de confiance pour garder vos enfants. Emilie Duchêne (Thea Jewelry) n'imaginait pas autrement son organisation familiale :

Nous avons une aide à la maison, qui s'occupe de notre foyer, des enfants et dort chez nous. Je ne voyais pas notre vie organisée autrement. C'est ma décision, car je voulais garder mon job à temps plein. Je me sens une bonne maman, parce que j'ai quelque chose à raconter lorsque je rentre le soir, que je suis fière de moi et que je me sens épanouie dans mon boulot. D'autres seront peut-être épanouies grâce au sport ou au bénévolat. L'important, c'est de trouver l'équilibre et le moyen d'épanouissement qui vous convient.

Pour Mélanie Dewulf (agence Top Secret), une aide extérieure a également été essentielle :

Quand mes enfants étaient petits, j'ai pris une aide extérieure, car il était impossible pour moi d'être maman et entrepreneure à temps plein sans aide. Les enfants en bas âge sont souvent malades et j'ai donc pris une nounou à temps plein. J'ai aussi décidé de me faire seconder pour des tâches concernant la gestion de la maison. Faire le ménage, la vaisselle ou aller chercher les enfants à l'école, cela pouvait être délé-

gué. Ce qui est important, selon moi, c'est d'être présente pour les câlins, le bain, les jeux. Toute la préparation quotidienne, je la déléguais. Quand mes enfants étaient plus jeunes, je passais donc plus de temps physiquement au bureau, mais quand je claquais la porte, le boulot était terminé.

Bien s'entourer au niveau professionnel

Nous avons déjà abordé ce point parmi les conseils liés à la création d'une nouvelle entreprise. Néanmoins, au-delà du développement de votre société, il ne faut pas non plus négliger les apports humains que présente un bon entourage professionnel. C'est très important pour avoir de l'aide efficace et, ainsi, améliorer votre bien-être, comme en témoigne Mélanie Dewulf (agence Top Secret) :

Il faut s'entourer de chouettes personnes en interne, trouver un partenaire professionnel avec lequel on peut partager des choses, déléguer et donner des responsabilités. On doit se sentir comme une famille avec ses collègues.

Emilie Duchêne (Thea Jewelry) confirme cette vision de la bonne entente professionnelle :

Il n'y a pas que la famille qui est importante lorsqu'on se lance. Il y a aussi les gens avec lesquels on travaille, les sous-traitants ou les partenaires, qui nous soutiennent. Dans mon cas, je suis heureuse de dire que nous formons une grande famille. Au départ, je ne me suis pas adressée à des coachs, car j'avais un bon réseau professionnel. J'ai un profil intuitif et digital, j'accorde beaucoup d'importance à l'image de marque, etc. Mais pour tout ce qui est finances, je suis perdue. Je m'en suis vite rendu compte et je me suis alors entourée de coachs pour m'aider à grandir. Je pense que si je n'avais pas fait cela, je serais resté au stade de start-up avec mon entreprise. Être entrepreneure, c'est savoir tout faire, mais pas à fond. En conséquence, il faut savoir se faire aider.

Avoir une équipe autonome, flexible, compréhensive et compétente sur laquelle compter est vraiment essentiel. J'ai pour ma part eu du mal à l'obtenir et à la construire, mais je suis désormais très bien entourée. Nous ne sommes pas nombreux chez Bee Nature®, mais j'ai des collègues avec des compétences complémentaires, qui sont loyales, dévouées et impliquées dans le développement de l'entreprise, qui me soutiennent et qui sont heureuses et fières de travailler avec moi. Et ça, c'est vraiment le plus beau cadeau que votre entreprise peut vous apporter: le plaisir d'aller travailler chaque matin et de faire face ensemble aux défis que votre journée rencontrera.

Conclusion

Si j'ai écrit ce livre, c'est pour donner envie à un maximum de femmes de se lancer dans la double aventure d'être maman et entrepreneure. Nous l'avons vu tout au long de cet ouvrage, il y a en effet beaucoup d'avantages à se lancer dans cette aventure quand on est jeune maman: on peut choisir ses horaires, faire travailler sa créativité et chaque journée est à la fois différente et palpitante.

Il ne faut toutefois pas négliger le fait que créer son entreprise est risqué et demande des remises en question perpétuelles. S'il vous arrive de douter au long de votre parcours, rappelez-vous pourquoi vous souhaitez vous lancer ou pourquoi vous avez décidé de devenir entrepreneure au tout début. Quelles sont vos priorités aujourd'hui ? Qu'est-ce qui est important pour vous au niveau du cadre de travail ? Comment allez-vous combiner vie privée et vie professionnelle ? Comment allez-vous hiérarchiser vos priorités ?

Avec trois petits garçons de moins de 4 ans et bientôt une petite sœur qui arrive, ma priorité est aujourd'hui d'être au maximum à leur côté et de les voir grandir. Cependant, travailler et m'épanouir professionnellement reste une autre de mes priorités. Être entrepreneure me permet de combiner ces deux fondamentaux. Mes enfants vont à l'école, mais être mon propre employeur me permet de les voir beaucoup le matin, le soir et le week-end, car mes heures de travail sont réparties également sur les soirées, le week-end et les vacances.

Malgré ça, n'oubliez pas que vous n'êtes pas une *wonderwoman*, et moi non plus d'ailleurs. Le plus important pour concilier les deux emplois à temps plein d'entrepreneure et de maman, c'est de bien s'organiser et de bien s'entourer en osant demander où trouver de l'aide et des solutions. Des petites astuces et habitudes à prendre vous permettront également de mieux profiter de vos instants au travail et de ceux passés à la maison, comme nous l'avons déjà évoqué plusieurs fois. Parmi celles-ci, la séparation entre vie professionnelle et vie privée est essentielle : la consultation des messages professionnels à tout instant est une habitude qui peut rapidement vous empêcher d'être concentrée à 100 % sur vos moments de loisir ou vos moments en famille. Mettez-vous des limites. Apprendre à prendre du temps pour soi est également un conseil primordial dans l'accomplissement de vos choix de vie.

Par ailleurs, prendre le temps de réfléchir à tous les aspects de votre projet professionnel et vous poser les bonnes questions, dès le départ et ensuite de manière régulière, vous permettra également de libérer votre charge mentale et de mieux répondre à vos priorités. N'hésitez pas, pour prolonger votre réflexion, à rejoindre des réseaux de femmes entrepreneures et à vous inspirer du parcours et des conseils de femmes qui sont passées par là.

Enfin, n'hésitez pas à aller chercher des réponses dans les livres « ressources » repris dans les pages qui suivent. J'espère en tout cas que ce livre-ci vous aura donné quelques pistes et que vous vous sentirez moins seule après sa lecture !

Ressources

Voici quelques ouvrages que j'ai particulièrement appréciés, car ils ont apporté des réponses aux nombreuses questions que je me posais.

BOSSARD Olivier, *Largo Winch – Introduction à la finance*, Dupuis, 2019.

DECLAIR Guillaume, DINH Bao, DUMONT Jérôme, *La 25e heure. Comment travailler une heure de moins chaque jour*, Le Livre de Poche, 2020.

DE WITTE Bertrand *et al.*, *Devenez un vrai leader*, Lemaître Publishing, 2018.

DUCHARME Charlotte, *Cool parents make happy kids*, Marabout, 2019.

GATIGNON Yves, *52 leçons de leadership inspirées d'histoires vraies*, Eyrolles, 2016.

GOODWIN Michael, BURR Dan E., *Economix. La première histoire de l'économie en BD* (4e éd.), Les Arènes, 2019.

KNIGHT Phil, *L'art de la victoire. Autobiographie du fondateur de NIKE*, Hugo Poche, 2018.

KORNBERG-ANZEL Candice, ABOUCAYA Eve, SKRZYNSKI Camille, *L'éducation positive – Le guide décapant des parents imparfaits*, Marabout, 2017.

MAURYA Ash, *La Méthode Running Lean. Comment transformer votre idée en succès*, Diateino, 2014.

MICHELLI Joseph A., *The Starbucks Experience. 5 Principles for Turning Ordinary Into Extraordinary*, Mc Graw Hill, 2006.

MÜLLER Horst, *Les clés du mind mapping. Organisez votre pensée et boostez votre créativité !*, Ixelles Ed., 2015.

OBAMA Michelle, *Devenir*, Fayard, 2018.

SINEK Simon, *Start with why*, Portfolio, 2009.

WAGNON Sylvain, *De Montessori à l'éducation positive – Tour d'horizon des pédagogies alternatives*, Mardaga, 2019.

Table des matières